簿記のしくみが一番やさしくわかる本

税理士 **高下淳子**
Koge Junko

「5つの箱」T／Bメソッド

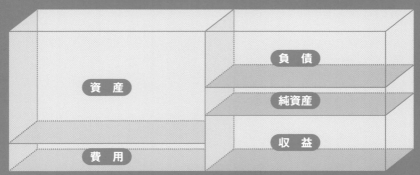

日本実業出版社

まえがき　～「T/Bメソッド」で理解する！　仕訳と簿記と決算～

　この本は、仕訳や簿記を勉強したけれど理解できなかった方、会社での仕訳作業が好きになれない方、仕訳と簿記と決算の勉強をやり直したい方、アレルギーなく仕訳をマスターしたい方のための1冊です。
　もちろん経理担当者、経理実務を再確認したい方、後輩指導のご担当者、簿記を学ぶ学生の方にとっても有益な本となっています。

　仕訳と簿記と決算は、経理部だけの道具ではありません。仕訳が分からないようでは、経営管理者も正しい意思決定ができません。
　各地でご好評いただいている私の定番セミナーのひとつ「簿記と経理の基礎」には、経理担当者だけでなく、経営管理者、現業部門長、新入社員、営業責任者など、さまざまな部署の方がご参加くださいます。
　仕訳に苦手意識を感じていた人も講義終了時には晴れやかな表情で会場を後にされます。表面的に分かったつもりでいたことが本当に理解できたと感想を述べてくださる多くの受講生の方々に出会うこともできました。
　「この科目は左に書くんだったかなぁ、いや右かな？」と、残念ながら多くの方が仕訳を書くときの左右の場所で混乱しています。
　また、「資産が増えれば左に書き、減少すれば右に書く」との丸暗記で何とか仕訳をこなしたりと……、余計な回り道をされているのです。

　1日セミナー「簿記と経理の基礎」では、仕訳と簿記と決算を同時に理解する「T/Bメソッド」をコンセプトに学んでいただきます。T/Bとは、「Trial Balance Sheet」の略語であり、一般に「残高試算表」と呼ばれている大切な経理書類です。ただし、すべての項目を縦1行に並べる普通の残高試算表のスタイルとは異なります。「仕訳」と「決算書作成」を同時にマスターしていただくため、T/Bを左右の高さが同じ「5つの箱」のフォームとしています。この「5つの箱」こそ、仕訳の本質を理解し、仕訳から決算書が作成される流れをスムーズに習得するカギなのです。
　仕訳では「右に書くか、左に書くか」で悩む必要などありません。

T/Bメソッドは「現金は左！」を出発点にして、1枚の図形「5つの箱」を覚えることから始まります。いま、意味も分からず左右に仕訳している人も、仕訳パターンを丸暗記している人も、やっと難行、苦行から解放されます。T/Bメソッドで、これまで損した時間を取り戻しましょう。

　そして仕訳と簿記と決算を初めて勉強する人も、T/Bメソッドで簡単に、楽しく、一番のショートカットで、目指すべきゴールにご案内します。

「5つの箱」T/Bメソッド

（資　産）	（負　債）
現　金	（純資産）
	（収　益）
（費　用）	

左右の箱の高さは常に一致

　「簿記と経理の基礎」セミナーは学んでいただく価値がある内容なので、個人的にも情熱と使命を持って講義をしています。この本は、多くの方々のご要望を受け、そのセミナーのリアルな内容を書籍化したものです。

　最後までお読みいただいた後は、まさにセミナー受講後と同じように、仕訳のハードルを楽々と乗り越え、会計の本質をつかむことができます。

　ぜひ、この1冊で仕訳と簿記と決算書のつながりを回り道をせずに習得していただき、その知識を一生の財産にしてください。読者の皆さまが、最短距離で、かつ、奥深いところまで、仕訳と簿記と決算の基本を理解されることを、心より期待しております。

2017年3月

高下　淳子

※本書の内容は2017年3月現在の法令等に基づいています。

簿記のしくみが一番やさしくわかる本──目次

まえがき　～「T/Bメソッド」で理解する！　仕訳と簿記と決算～

序章　仕訳から決算までが一気にわかる：「T/Bメソッド」

1　すべての謎はT/Bメソッドが解きあかす　　　　　　　　　　　012
- 最強ツールとなるT/Bメソッド　　012
- 現金の増減と仕訳　　012

2　「5つの箱」を理解しよう！　　　　　　　　　　　　　　　　014
- 「5つの箱」がすべてのカギ　　014
- 「資産」…プラスの財産　　015
- 「負債」…マイナスの財産　　015
- 「純資産」…元手と儲けの蓄積　　016
- 「収益」…会社の稼ぎ方　　016
- 「費用」…稼ぐための工夫や犠牲のコスト　　016
    - ■確認テスト①　「5つの箱」に分類してみよう　　018

3　仕訳と決算書はつながっている！　　　　　　　　　　　　　019
- T/Bが決算書の大本（おおもと）！　　019
- 「5つの箱」の上半分がB/S　　019
- 利益は両方に含まれる　　020
- 「5つの箱」の下半分がP/L　　020

4　T/Bメソッドで理解する仕訳と簿記と決算　　　　　　　　　022
- 仕訳と簿記と決算を同時に理解する！　　022
    - COLUMN　天才ダ・ヴィンチが学んだ「会計の父」　　024

第1章　「T/Bメソッド」で仕訳をマスター

1　「現金は左」から始めよう！　　　　　　　　　　　　　　　026
- 「5つの箱」は左右の場所が大切！　　026
- なぜ、左右に区分けするのか？　　027
- 「借方」と「貸方」　　029

2　仕訳のルールはとてもかんたん！　　　030

- 経済の発展を支えてきた仕訳と簿記と決算　030
- 「5つの箱」の中身が増減する　030
- 増減のパターンは4つ　030
- 仕訳のルールは3つだけ！　031
- 具体的な「勘定科目」で仕訳する　032
- 仕訳を「5つの箱」に書いてみよう！　033

3　仕訳を伝票に書くときの約束ごと　　　034

- 増えた科目は本来の場所で　034
- 減少した科目は反対側に　034
  - ■確認テスト②　「5つの箱」で仕訳にチャレンジ！　036

4　「取引」が起これば仕訳しよう　　　038

- 「取引」とは「5つの箱」の中身が増減すること　038
  - ■確認テスト③　会計上の取引となるか判定しよう　038
- 会計上の取引は両面で捉えよう　038
- 仕訳と簿記と証拠書類　039

5　「5つの箱」で仕訳をしてみよう！　　　040

- 取引①——会社設立　040
- 取引②——商品を仕入れる（ここでは「仕入高」で記録）　041
- 取引③——広告宣伝をする　042
- 取引④——商品が売れた！　042
- 仕訳のルールを再確認　043

6　T/Bメソッドで決算書を作成しよう！　　　044

- 期末日の「5つの箱」（残高試算表）を作成する　044
- 「残高試算表」(T/B) は検算表であり決算書の大本　044
- 残高試算表 (T/B) を上下に切り分ける　045
- 翌期に引き継ぐのはB/Sのみ　045
- 仕訳して、決算書を作成する目的　047
  - ■確認テスト④　T/Bメソッドで決算書を作成してみよう　048

7　「5つの箱」の中身（科目）を見ておこう　　　050

- (1) 資産の科目　050
- (2) 負債の科目　052
- (3) 純資産の科目　054
- (4) 収益の科目　056
- (5) 費用の科目　058

第2章　まずは、「現預金」の取引を完全マスター

1　現預金が増える取引　　062
- 左側の「現金」を増やす相手は？　062
- 負債が増えると、現預金が増える！　063
- 純資産が増えると、現預金が増える！　063
- 収益が増えると、現預金が増える！　064
- 現預金以外の資産が減ると、現預金が増える！　065

2　現預金が減少する取引　　066
- 左側の「現金」を減らす相手は？　066
- 負債が減ると、現預金も減る！　067
- 資産が増えると、現預金は減る！　068
- 費用が増えると、現預金は減る！　069

3　現預金が増減する取引の総まとめ　　070
- 前渡金 … 商品を仕入れる前の手付金　070
- 貸付金 … 他人への金銭の貸付け　071
- 立替金 … 一時的な立て替え払い　072
- 仮払金 … 決算までにゼロにすべき仮勘定　072
- 「借入金」… 他人から借り入れたお金　073
- 前受金 … 先に受け取った売上代金　074
- 仮受金 … 仮に受け取ったお金　074
- 預かり保証金 … いずれ返済する必要があるお金　074

4　現金過不足と金庫の管理　　076
- 現金の「実査」による過不足　076
- 現金出納業務と内部統制　077

5　当座預金と小切手　　078
- 当座預金　078
- 「小切手」の振り出し　078
- 「小切手」の回収　078
- 当座預金のマイナス＝当座借越　079
  - COLUMN　預金の残高確認と「当座預金勘定調整表」　080

第3章　「掛け」による取引──第1ハードル

1　仕入取引の流れ　　082
- 取引が「発生」したときに計上する　082
- 仕入に関する取引の流れ　082

2　買掛金　　　　　　　　　　　　　　　　　　　　　　084
- ○「商品」か、「仕入高」か？　084
- ○「買掛金」　084
- ○「買掛金」と「未払金」の違い　084

3　支払手形　　　　　　　　　　　　　　　　　　　　　086
- ○ 紙の手形と電子手形　086
- ○ 貸借対照表での表示　086
- ○ 振り出した手形の決済　086
- ○ 支払手形の顛末記録　087

4　「仕入高」の減少　　　　　　　　　　　　　　　　　088
- ○ 仕入返品　088
- ○ 仕入値引　088
- ○ 仕入割戻し　089
- ○「仕入割引」は営業外収益　091

5　売上取引の流れ　　　　　　　　　　　　　　　　　092
- ○ 売上高は「実現主義」で計上する　092
- ○ 売上に関する取引の流れ　092

6　売掛金　　　　　　　　　　　　　　　　　　　　　　094
- ○「売掛金」は本業でのツケ　094
- ○ 小売業での売上計上　095
- ○ サービス業での売上計上　096
- ○「売掛金」と「未収入金」の違い　096

7　受取手形　　　　　　　　　　　　　　　　　　　　　097
- ○ 手形受取時の会計処理　097
- ○ 受け取った手形の資金化　097

8　「売上高」の減少　　　　　　　　　　　　　　　　　099
- ○ 売上返品　099
- ○ 売上値引　100
- ○ 販促活動としての「売上割戻し」　100
- ○ 金融上の費用である「売上割引」　101
  - COLUMN 「売上割戻し」の損金算入時期　102

第4章　「棚卸資産」と「売上原価」──第2ハードル

1　仕入れた商品がすべて売れた！　　　　　　　　　　104
- ○「継続記録法」での仕訳　104

- ○ 「棚卸計算法」での仕訳　105
- ○ 「継続記録法」と「棚卸計算法」の違い　105

2　仕入れた商品の一部が売れ残った　106

- ○ 「継続記録法」での仕訳　106
- ○ 「棚卸計算法」での仕訳　107
- ○ 「継続記録法」と「棚卸計算法」の違い　107
- ○ 売上原価のボックス　108
- ○ 実地棚卸は必要　108

3　期首も期末も在庫あり　109

- ○ 「継続記録法」での仕訳　109
- ○ 「棚卸計算法」での仕訳　110
- ○ 「継続記録法」と「棚卸計算法」の違い　110
- ○ 実地棚卸は必要　111

4　「棚卸資産」の期末評価　112

- ○ 棚卸資産の評価額　112
- ○ 企業会計の基本は低価法　112
- ○ 法人税法は選択制　113

5　売上原価　～卸・小売業～　114

- ○ 売上原価は売れた商品の原価　114
- ○ 売上原価の会計処理　114
- ○ 売上原価は商品倉庫から出荷した商品　114
- ○ 「T/B」での表示　115

6　売上原価　～製造業～　116

- ○ 売上原価は売れた製品の原価　116
- ○ 製造原価は「工場」をイメージ　116
- ○ 「T/B」での表示　117

第5章　「振替取引」と「内部仕訳」──第3ハードル

1　減価償却費　120

- ○ 減価した部分の費用化　120
- ○ 減価償却費の計算方法　120
- ○ 耐用年数　121

2　将来の費用と損失に備える「引当金」　123

- ○ 「引当金」とは　123
- ○ 「引当金」が計上される理由　124

- ○ 会計上「引当金」を計上すべき4つの条件　124
- ○ 焦げ付きリスクに備える「貸倒引当金」　124
- ○「貸倒引当金」と差額補充法　126
- ○「貸倒引当金」の決算書での表示　126
- ○「未払費用」と「未払金」と「賞与引当金」　127

3　「前払費用」と「未収収益」　128

4　「未払費用」と「前受収益」　130

5　有価証券の期末評価　132

- ○ 有価証券とは　132
- ○「売買目的有価証券」とは　132
- ○ 有価証券の期末評価　133
- ○ 上場有価証券の減損処理　134

6　外貨建資産・負債の換算　136

- ○ 為替差益と為替差損　136
- ○ 決算日の換算ルール　137

　　COLUMN　減価償却費　138

第6章　仕訳と「消費税」の知識──どうしても不可欠!

1　消費税は「仮」勘定　140

- ○ 消費税を仮に支払い、仮に受け取る　140
- ○ 仮払消費税等と仮受消費税等　140
- ○ 消費税の仕訳を比較してみよう　141
- ○ 余分な消費税を納税しないために　143

2　課税仕入と仮払消費税等　144

- ○ 消費税の「課税仕入」　144
- ○ 消費税の「課税仕入」に該当しないもの　145

3　課税売上と仮受消費税等　147

- ○ 仮受消費税等は、仮に受け取った額　147
- ○「雑収入」と消費税　147
- ○ 固定資産の売却も課税売上　149

4　消費税の3つの課税区分　150

- ○「消費税」の課税区分　150
- ○ 消費税が課税される取引　150
- ○ 事業者にとってはうれしくない「非課税取引」　150

- 消費税の「課税対象外取引」　151

5　仮払消費税等の３つの区分　152

- 消費税の仕入税額控除での留意点　152
- 「課税売上割合」とは　152
- 「個別対応方式」での仕入税額控除　153
- ３つに区分される「仮払消費税等」　153
- 「一括比例配分方式」での仕入税額控除　154

　　COLUMN　事業者はうれしくない消費税の「非課税売上」　156

第7章　実務で必須の税務知識と「複合仕訳」

1　「源泉所得税」の預かりと納付　158

- 源泉徴収では他人のお金を預かる　158
- 給与等は手取額を支払う　159
- 支払報酬と預り金　159

2　利息から源泉徴収される所得税　162

- 受取利息は資金運用の果実　162
- 受取利息から源泉徴収される税金　162
- 源泉徴収された所得税は取り戻す！　163
- 源泉所得税は「法人税等」の前払い　163

　　COLUMN　「所得税額控除」を受けないと損！　165

3　配当金から源泉徴収される所得税　166

- 受取配当金は株式投資の果実　166
- 受取配当金から源泉徴収される税金　167

4　法定福利費と福利厚生費　168

- 法律で定める「法定福利費」　168
- 会社が任意で支出する「福利厚生費」　168
- 社会保険料と労働保険料の仕訳　168

5　会議費と交際費　170

- 会って議論するのための費用　170
- 「交際費」とは　171

6　消耗品費　172

- 消耗する少額な物品の購入　172
- 購入日に費用処理できる事務用消耗品　172
- 一時に損金算入される「少額資産」とは　173

- 一括して3年間で償却する　174
- 中小企業への特例　176

7　貸倒損失　178
- 「貸倒損失」とは　178
- 法人税法での貸倒損失の扱い　178
- 「貸倒引当金」でカバーできる焦げ付き　179
- 「貸倒引当金」を超える焦げ付き　180
- 損益計算書での表示場所　181

8　「未払消費税等」の引き当て　182
- 控除できない消費税額の取扱い　182
- 納付すべき消費税額の計算方法　184
- 「申告書」フォームで計算してみよう　184

9　「未払法人税等」の引き当て　186
- 法人税等の負担率　186
- 「利益」と「所得」は異なる！　186
- 法人税等と未払法人税等　186

10　税効果会計の概要　188
- 税効果会計　188
- 利益と所得には差異がある　188
- 税効果会計で調整される一時差異　190
- 貸借対照表での表示ルール　190
- 損益計算書での表示ルール　191
- 利益と法人税等が対応する　191

終章　T/Bメソッドで決算書を作成してみよう

総合問題1　棚卸計算法　194

総合問題2　継続記録法　204

確認テスト①〜④の解答──214

【巻末付録1】主な勘定科目の一覧──219
【巻末付録2】知っておきたい経理の基本用語──220

カバーデザイン／志岐デザイン事務所
本文組版／桜井　淳

序章

仕訳から決算までが一気にわかる：「T/Bメソッド」

「T/Bメソッド」は仕訳と簿記と決算を同時に学んでいただく手法です。
入門編 → 基礎編 → 実務編の順序で重要項目をマスターしましょう！

入門編	「T/Bメソッド」で理解する！ 仕訳の本質と決算書作成	序　章
	「現金は左」から始める！ 仕訳と勘定科目のマスター	第1章
	「現預金」の増減を伴う取引の仕訳を完全マスター	第2章

⬇

基礎編	第1ハードル・・・「掛け」による取引の仕訳を理解	第3章
	第2ハードル・・・棚卸資産と売上原価の仕訳を理解	第4章
	第3ハードル・・・「振替取引」と「内部仕訳」を理解	第5章

⬇

実務編	会計実務ですぐに必要となる「消費税」の基本知識	第6章
	会計実務でいずれ必要とされる税務知識と複合仕訳	第7章

⬇

免許皆伝	腕だめしの「総合問題」で決算書を作成してみよう	終　章

⬇

簿記（会計）の達人に！

1 すべての謎は T/Bメソッドが解きあかす

最強ツールとなるT/Bメソッド

　T/Bメソッドは、「**現金は左**」を出発点にして、1枚の図形「5つの箱」を覚えることから始まります。「5つの箱」を構成する資産、負債、純資産、収益、費用のそれぞれの場所、現金は左、**箱の高さは一致する**ことを頭に入れてください。ここでは、資産は「現金」などの価値のある財産、負債は借金、純資産は株主からの出資、収益は売上高などの稼ぎ、費用は給料などの諸経費と、「5つの箱」の大枠をつかむだけで大丈夫です。

　現金が資産の箱に分類されるように、それぞれの箱には借入金、資本金、売上高、給料などの具体的な中身が含まれます。

現金の増減と仕訳

　仕訳とは「5つの箱」の中身の増減を両面で捉えて記録することです。「5つの箱」の中身が増加すれば（＋）、減少すれば（△）で、それぞれの箱の中で増減を記入することが仕訳の本質です。そして増減後も「5つの箱」の左右の高さは常に一致します。左右の箱の高さは常に一致するとい

「5つの箱」T/Bメソッド

```
┌─────────────────┬─────────────────┐
│   （資　産）     │   （負　債）     │
│  ① 現金(+) ◄----│----► ① 借入金(+) │
│  ② 現金(+) ◄----│   （純資産）     │
│                 │----► ② 資本金(+) │
├─────────────────┼─────────────────┤
│   （費　用）     │   （収　益）     │
└─────────────────┴─────────────────┘
```

左右の箱の高さは常に一致

うルールのもとで、左側の現金を増減させる相手には、許される組み合わせがあることが分かります。

①「資産」の中身と「負債」の中身が増えて左右の高さ一致

「5つの箱」の左右の場所	
現　金（＋）	借入金（＋）

②「資産」の中身と「純資産」の中身が増えて左右の高さ一致

「5つの箱」の左右の場所	
現　金（＋）	資本金（＋）

「5つの箱」の左右の高さは常に一致するので、資産の中身が増加して、負債の中身は減少するという組み合わせはないのです。

「5つの箱」T/Bメソッド

```
┌─────────────────┬─────────────────┐
│  （資　産）      │  （負　債）      │
│   ③ 現金（＋）   │                 │
│ → ④ 現金（△）   ├─────────────────┤
│                 │  （純資産）      │
├─────────────────┼─────────────────┤
│  （費　用）      │  （収　益）      │
│ → ④ 給料（＋）   │   ③ 売上高（＋） │
└─────────────────┴─────────────────┘
```

左右の箱の高さは常に一致

③「資産」の中身と「収益」の中身が増えて左右の高さ一致

「5つの箱」の左右の場所	
現　金（＋）	売上高（＋）

④「資産」の中身は減少し、「費用」の中身が増えて左右の高さ一致

「5つの箱」の左右の場所	
現　金（△） 給　料（＋）	

「現金は左！」を出発点にして、1枚の図形「5つの箱」を思い出していただくと、仕訳のカベを楽々と乗り越えられますね！

2 「5つの箱」を理解しよう！

「5つの箱」がすべてのカギ

T/Bメソッドで仕訳をマスターするために、1枚の図形「5つの箱」を理解しましょう。会社の規模、業種や業態、社歴の長さに関係なく、会社経営を経理の視点で語るときのキーワードは、「5つの箱」です。

「5つの箱」は、「資産」「負債」「純資産」「収益」「費用」という5つのグループから構成されます。それぞれ5つのグループの左右の位置も大切ですので、図形イメージで「5つの箱」を頭に入れてください。

会社の周りに存在する形のある物、形のない物、借りている物、会社で起こる出来事は、これら資産・負債・純資産・収益・費用という5つのグループのいずれかに分類されます。

仕訳をするときのグループは「5つしかない！」のです。

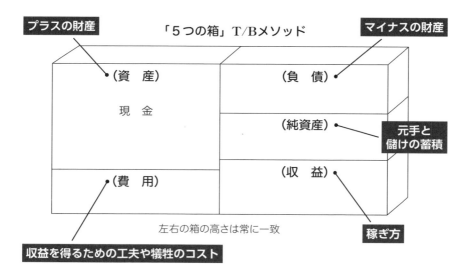

まず序章では、「5つの箱」T/Bメソッドで仕訳と簿記と決算を同時に最短距離、かつ、画期的にご理解いただきます。仕訳の本質をつかんだ後は、現預金の増減取引、ツケ取引、売れ残り、振替仕訳、消費税の仕訳、複合仕訳など、いまは高く思えるカベを順番に突破していきましょう！

「5つの箱」の資産、負債、純資産、収益、費用とは、それぞれ箱の親分の名前であり、大きなグループでの名称です。それぞれの箱の中には、さまざまな会計的な中身（勘定科目）が含まれています。

どのような中身が含まれるかを考えながら、整理していきましょう。

「資産」… プラスの財産

「資産」とは、会社経営のために保有している現金、普通預金、定期預金、未だ回収していない商品売上代金である売掛金、土地や建物、車両、機械装置など、価値のある**「プラスの財産」**です。

プラスの財産とは、会社名義である財産、会社に所有権のある財産です。そのため、日常用語で使う財産という言葉とは少し意味合いが異なります。たとえば、「人」は会社にとって大事な財産ですが、従業員は会社に所有権がないので、「人材」は会計的な資産には含まれません。

また、会社に所有権があるならば、他人に賃貸していても会社の資産として計上します。特許権や借地権などの形はないが価値のある財産も資産グループに含まれます。

「負債」… マイナスの財産

「負債」は、会社が支払う義務を負っている**「マイナスの財産」**です。たとえば支払義務を負っているが未だ支払っていない代金、返済する義務を負っている借金などです。具体的には、未だ支払っていない商品仕入代金である買掛金、銀行からの借入金、税金の未払いなどが含まれます。

このように、資産と負債は反対の性質をもっているため、それぞれの箱も左右対象に反対側に位置しています。会社の財産には、プラスとマイナスの両方があるので両面で見ることが大切です。

「純資産」… 元手と儲けの蓄積

「純資産」とは、プラスの財産とマイナスの財産の差額としての「**純額の財産**」という意味です。

たとえば、経営者が会社を清算しようと考えたらどうなるでしょうか。すべての資産の回収に出向き、あるいは手持ちの資産を売却し、または解約してお金に換えます。一方で、借りている借金を返済し、支払義務を負っている代金をすべて支払います。このように資産を換金して、負債を返済した後に差額として手許に残る「純額の資産」が純資産です。基本的に、純資産は大きいほどよいことになります。

経営環境が厳しいときにも、「資産を処分して、負債を返しても、だいぶ手許に残りそうだから、あの会社とは安心してお付き合いができるな」といえるのは、純資産が大きい会社なのです。

純資産を構成する1つ目は、会社設立時とその後の増資で株主が出してくれる資本金で、「元手」と俗称します。2つ目は会社経営の成果である「儲け」の蓄積です。会計用語では儲けを「利益」といいます。

「収益」… 会社の稼ぎ方

会社の「**稼ぎ方**」を「収益」といいます。収益には、商品の売上高、製品の売上高、利息の受け取り、配当金の受け取りなどが含まれます。

稼ぎ（収益）のすべてが儲け（利益）としては残りません。「収益」と「利益」は異なりますので混同しないように区別してください。

「費用」… 稼ぐための工夫や犠牲のコスト

「費用」とは、会社が稼ぐために「**費やす財貨と用役**」であり、売れた商品の仕入原価、給料、広告宣伝費、交際費、支払利息などが含まれます。

日常の経理用語では、「経費削減」などと経費といいますが、「5つの箱」では費用というグループ名で集計し報告します。

費用のうち、一番目の「売上計上した商品の仕入原価」という言葉は、

序章 仕訳から決算までが一気にわかる：「T/Bメソッド」

「5つの箱」を理解しよう

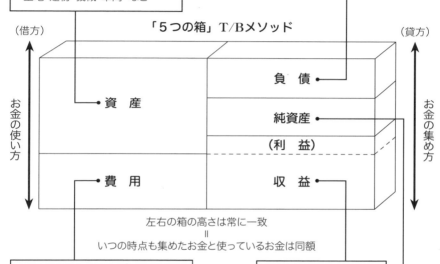

プラスの財産
現金・預金・貸し付けたお金
回収する権利のある売上代金
売れ残り商品・前渡しした手付金
土地・建物・機械・車両 など

マイナスの財産
支払う義務のある仕入代金
借り入れたお金・前受けした手付金
期末時点で未払いの税金 など

「5つの箱」T/Bメソッド

（借方） （貸方）
お金の使い方　お金の集め方

資産／負債／純資産／(利益)／費用／収益

左右の箱の高さは常に一致
＝
いつの時点も集めたお金と使っているお金は同額

稼ぐための工夫や犠牲のコスト
売上計上した商品の仕入原価
売上計上した製品の製造原価
商品発送のための宅配便代
従業員への給料、事務所の家賃
火災保険料、店舗の固定資産税
電気・ガス・水道代、電話代
広告宣伝費、接待の飲食費
会議費、研究開発費 など

会社の稼ぎ方
商品・製品の売上高
利息の受け取り
配当金の受け取り
土地を売却した儲け
株式を売却した儲け など

元手と儲けの蓄積
株主に出してもらった資本金
儲けのうち社内に留保した額

POINT
仕訳をマスターするコツは「5つの箱」！
決算書は「5つの箱」で作られる！

実は、とても大切です。仕入れた商品または製造した製品のうち売れた分だけが費用計上されます。**売上計上した商品の仕入原価または売上計上した製品の製造原価**という意味で、「売上原価」といいます。

　これらの売上原価、給料、広告宣伝費などの諸費用のほかに、「台風で工場の屋根が吹き飛んでしまう」ことや「風水害で商品が水濡れして売れなくなる」などの災害損失も費用グループに含めます。

　このように、会社が所有している形のある財産と形のない財産、稼ぎ方、諸費用など会社で起こる出来事のすべては、これらの「資産」「負債」「純資産」「収益」「費用」という5つの要素のいずれかに分類されます。

　仕訳とは、これら「5つの箱」の中身の増減で記録する技術なのです。

　そして決算書も、「5つの箱」を大本として作成される書類です。

確認テスト①　「5つの箱」に分類してみよう

次の各項目は資産・負債・純資産・収益・費用のいずれに属するでしょうか。

(1) 商品の売上（売上高）　　(2) 利息の収入（受取利息）　(3) 借入金
(4) 広告宣伝費　　　　　　(5) 現金預金　　　　　　　(6) 売掛金
(7) 買掛金　　　　　　　　(8) 売れた商品の仕入原価　　(9) 資本金
(10) 利息の支払い（支払利息）(11) 接待交際費　　　　　　(12) 貸付金

「5つの箱」

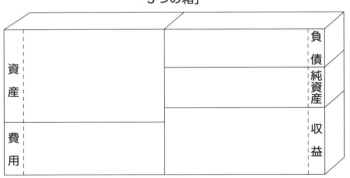

POINT　会社に関する事柄を「5つの箱」に分類するクセを身に付けましょう

解答は☞214ページ

3 仕訳と決算書はつながっている！

T/Bが決算書の大本(おおもと)！

「5つの箱」の中身は経営活動で増減を繰り返します。増減した結果、期末日の「5つの箱」が、大切な経理書類である「残高試算表」です。

残高試算表は、英語では「Trial Balance Sheet」（T/B）と呼ばれています。Trialとは試しに、つまり検算のために作成する残高表です。何を検算するかというと、当然ながら、左右の合計金額が一致しているかどうかを検算するための書類なのです。もしも検算が合わなければ、仕訳に誤りがあるか、集計計算を間違ったかいずれかなので元に戻って見直す必要があります。

そして、この残高試算表が決算書の大本であり、期末日の「5つの箱」（T/B）を上下に切り分けると決算書が出来上がります。

「5つの箱」の上半分がB/S

上半分の「資産」「負債」「純資産」の3つの箱を取り出したものが、「貸借対照表」です。賃借ではなく「貸借」と書くとおり、「お金の貸し借りの明細書」という意味を持っています。貸借対照表は英語では、「Balance Sheet」と呼ばれており、頭文字を取って、略して「B/S」と表記します。貸借対照表（B/S）とは、「わが社はプラスの財産をいくら所有していて、その一方でマイナスの財産をいくら背負っていて、それらを相殺したら、いくらの純資産が残るか」を表す企業の「財産表」です。

Balance Sheetの「Balance」には、2つの重要な意味があります。

まず、Balanceには「残高」という意味があり、期末日におけるすべての**財産の残高表**であるため、Balance Sheetと呼ばれます。

続いて、**左右の合計金額が一致（バランス）**するので、Balance Sheet

と呼ばれます。いつの時点で見ても、貸したお金と借りているお金は同額であり、貸借対照表の左右の合計金額は一致します。

利益は両方に含まれる

ここで、右側は下半分の「収益」と「費用」の差額である「利益」を含んだところまでがB/Sであることに注目してください。

下半分の収益と費用の差額である利益とは、当期の経営成果として報告される計数でもあり、上半分のB/Sの純資産にも含まれて引き継がれていきます。仕訳をとおして同時に作られる決算書は利益でつながっており、利益は右側にあるというのが大切なポイントです。

また、下半分の収益と費用の差額は、当期の経営成果としての利益です。一方で、財産の残高表であるB/Sには、会社を設立してから当期末までの利益の合計蓄積額を「利益剰余金」として報告されます。利益と利益剰余金は箱の大きさが異なり、利益剰余金のほうが大きいですよね。

利益剰余金とは、前期から繰り越された利益の蓄積額と当期利益の合計、つまり、当期末までの利益の合計蓄積額を意味します。

「5つの箱」の下半分がP/L

続いて、下半分の「収益」と「費用」を取り出したものが「損益計算書」です。名前のとおり、当期の経営活動で**損が出たか、利益が出たかを表す経営成績表**という意味です。日本語の表記では、損を先に持ってくるので少しネガティブに聞こえますね。損益計算書は英語では、「Profit & Loss Statement」と呼ばれ、頭文字を取って「P/L」と表記します。

損益計算書（P/L）とは、「会社の稼ぎである収益から費用を差し引くことで、いくら儲かったか損したかを表す経営成績表」です。しかし、引き算するのに横並びでは見ずらいので、報告するときは縦並び形式に変えて、収益から費用を差し引く形で利益を表示します。また費用は差し引く項目であることが前提なので、一般的に、マイナス（△）表示はしません。

米国会計基準では、損益計算書を「Income Statement」と表記します。

序章　仕訳から決算までが一気にわかる：「T/Bメソッド」

「T/B」を上下に切り分けると決算書は作成される！

「5つの箱」T/Bメソッド

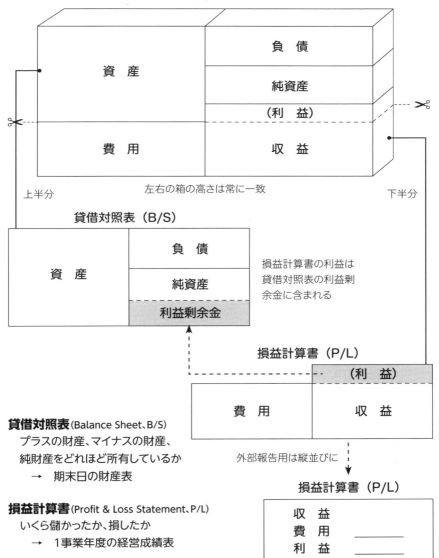

貸借対照表(Balance Sheet、B/S)
　プラスの財産、マイナスの財産、
　純財産をどれほど所有しているか
　　→　期末日の財産表

損益計算書(Profit & Loss Statement、P/L)
　いくら儲かったか、損したか
　　→　1事業年度の経営成績表

T/Bメソッドで理解する仕訳と簿記と決算

仕訳と簿記と決算を同時に理解する！

　この書籍のコンセプトである「T/Bメソッド」とは、3つのステップで、仕訳と簿記と決算を同時に理解していただく手法です。

Step1　仕訳をする

　仕訳とは、「5つの箱」の中身の増減を記録することです。ここでは、右図の①から⑤までの出来事について、そのまま同じ丸付き数字で「5つの箱」の中身の増減で記入しています。仕訳で使用する「5つの箱」の中身を勘定科目といいます。それぞれの勘定科目が増えればプラス（＋）で記入し、減少すればマイナス（△）で素直に増減を記入しています。

　それぞれの仕訳を各勘定科目の増減で記入した後も、「5つの箱」の左右の高さは常に一致していることを確認してください。

Step2　T/B（残高試算表）を作成する

　この期間中に、現金預金は3回、商品は2回増減しています。しかし、現金預金と商品は期中の増減後の期末残高を貸借対照表に報告します。

　このように各勘定科目の期末残高を一覧にした期末日の「5つの箱」が、残高試算表（T/B、Trial Balance Sheet）です。T/Bは、左右の合計金額が一致しているか検算をする書類でもあり、決算書の大本ともなる大切な書類です。

Step3　T/B（残高試算表）を上下に切り分ける

　残高試算表（T/B）を上下に切り分けると、決算書が出来上がります。

　T/Bの上半分が貸借対照表で、下半分が損益計算書です。決算書（B/S、P/L）は仕訳をとおして同時に作られ、利益でつながっています。

　なお、この事例は設立第1期の初めての決算報告なので、損益計算書の当期純利益と貸借対照表の利益剰余金が同額（30）となっています。

序章　仕訳から決算までが一気にわかる：「T/Bメソッド」

「T/Bメソッド」で仕訳と簿記と決算を同時に理解する！

① 商売開始　会社を設立するため資本金300万円を出資して預金口座を開設する
② 商品仕入　パソコン10台（1台当たりの単価20万円）を掛けで仕入れる
③ 広告宣伝　10万円のチラシ印刷代を現金で支払う
④ 商品売上　パソコン3台を100万円で売却し代金を現金で回収する
⑤ 売上原価　売れたパソコン3台の仕入原価を商品から売上原価に振り替える
　　　　　　（パソコン7台（@20万円）は期末時点での売れ残り商品）

Step1　「5つの箱」の中身（＝勘定科目）の増減で仕訳を表現する

「5つの箱」T/Bメソッド

資産	現金預金	①	300	買掛金	②	200	負債
	〃	③	△ 10				
	〃	④	100				
	商　品	②	200	資本金	①	300	純資産
	〃	⑤	△ 60				
費用	売上原価	⑤	60	売上高	④	100	収益
	広告宣伝費	③	10				

Step2　期末日の「5つの箱」（T/B、残高試算表）を作成する

残高試算表（T/B、Trial Balance Sheet）

上半分 ✂ ---

資産	現金預金	390	買掛金	200	負債
	商　品	140	資本金	300	純資産
費用	売上原価	60	売上高	100	収益
	広告宣伝費	10			
	合　計	600	合　計	600	

--- ✂ 下半分

Step3　T/B（残高試算表）を上下に切り分ける（決算書の完成）

貸借対照表（B/S）　（万円）

資産の部		負債の部	
現金預金	390	買掛金	200
商　品	140	純資産の部	
		資本金	300
		利益剰余金	30
合　計	530	合　計	530

損益計算書（P/L）　（万円）

売上高	100
売上原価	60
売上総利益	40
広告宣伝費	10
当期純利益	30

P/Lの当期純利益がB/Sの利益剰余金へと流れ込む

COLUMN

天才ダ・ヴィンチが学んだ「会計の父」

天才も学んだ「会計の父」

　「最後の晩餐」「モナ・リザ」など数々の名作を残したイタリアルネサンス期を代表する万能の人、レオナルド・ダ・ヴィンチ。

　絵画だけでなく、彫刻、解剖学、天文学、舞台技術、軍事技術、音楽、建築学などあらゆる分野で才能を発揮した天才です。

　天才レオナルド・ダ・ヴィンチが、ルカ先生と呼び「数学」を学んだ人が修道士のルカ・パチョーリ。ルカ先生の数学書には、レオナルドが「正多面体」の美しい挿絵のデッサンを描きました。

　そして、ルカ・パチョーリの『算術、幾何、比および比例全書』（通称スムマ）がヴェネツィア式の「複式簿記」を体系的に記述して印刷された初めての書籍（1494年刊行）とされています。

　すでにヴェネツィアは胡椒や絹などの東方貿易で栄えており、商人は帳簿記入により業績を把握していました。ヴェネツィア式の簿記は、会計取引を両面で捉えて仕訳をする複式簿記でした。

　財産状況と損益を計算するために不可欠だったのが複式簿記です。

経済を支える美しき簿記

　会計の父といわれるルカ・パチョーリの書籍が発行された後、複式簿記はヨーロッパやアメリカに広まり、その後の産業革命、資本主義、経済の発展を支えてきました。

　文豪ゲーテは小説『ヴィルヘルム・マイスターの修業時代』で、主人公の友人に「複式簿記は最高の発明品」とも言わせています。

　過去500年を超えて変わらないルールとして語り継がれてきた「簿記のルールは美しい！」としか言いようがないと実感します。

第1章

「T/Bメソッド」で仕訳をマスター

1. まず、「現金は左」を覚えましょう！
2. 仕訳は「5つの箱」の中身の増減で記録します
3. 「5つの箱」の左右の高さは常に一致します

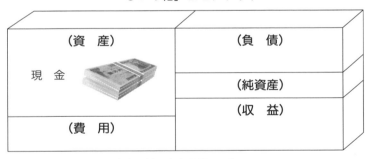

「5つの箱」T/Bメソッド

左右の箱の高さは常に一致

仕訳（＝「5つの箱」の中身の増減）のパターンは4つ！

＋（増加）	＋（増加）	△（減少）	△（減少）
＋（増加） △（減少）			＋（増加） △（減少）

1 「現金は左」から始めよう！

「5つの箱」は左右の場所が大切！

　仕訳と決算書を同時にご理解いただくために、1枚の図形「5つの箱」を覚えました。続いて、「5つの箱」を構成する「資産」「負債」「純資産」「収益」「費用」の左右の区分けとそれぞれの場所を見てください。

　負債・純資産・収益が右側であり、資産・費用が左側であることは、過去500年を超えて語り継がれている経理の世界の基本ルールなのです。

　先に見たとおり、「お金は左」と場所が決まっています。「5つの箱」の左右の場所の記憶が怪しくなったときは、「お金」を中心に考えましょう。

　「お金」には、金庫にある現物のお金（現金）の他に、すぐに下ろせる普通預金や当座預金も含めます。これらの現金と預金をひとまとめにして、「現預金」または「現金預金」と総称します。

　まず最初に覚えていただくことは、「お金は左」という基本原則です！

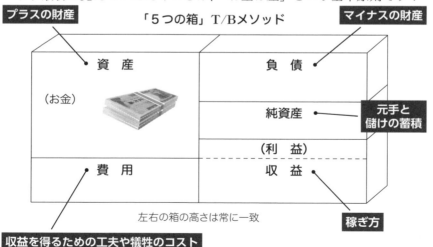

「5つの箱」T/Bメソッド

なぜ、左右に区分けするのか？

　先の「T/Bメソッド」で見たとおり、仕訳では、すべての出来事を左右の場所に区分けして記録します。なぜ、左右に区分けするのでしょうか？
　その理由も「お金」を中心に考えます。「お金」には使うという側面と、集めてくるという側面の両面があります。これらのうち、<u>「お金の使い方」</u>を左側に記録して、<u>「お金の集め方」</u>を右側に記録します。
　お金の使い方とは、会社名義の定期預金をする、車両や土地を購入する、商品を仕入れる、給料を支払う、接待をする、家賃を支払う……などです。お金を金庫に置いておくのも、あまり上手とはいえませんが、お金の使い方のひとつです。なので、「お金は左！」と決まっているのです。
　一方、お金の集め方には、銀行からお金を借りてくる、株主に資本金を出資してもらう、利息を受け取る、商品を現金売りする、所有している土地や工場を売却して儲ける……、などがあります。
　このように仕訳では、「お金の使い方」と「お金の集め方」の両面で捉えて左右の場所を区分けします。そして、使っているお金と集めたお金は、いつの時点でも同額なので、左右の合計金額は常に一致します。

（お金の使い方）	（お金の集め方）
定期預金をする	銀行からお金を借りる
車両を買う	株主に出資してもらう
土地を買う	商品を売り上げる
商品を仕入れる	利息を受け取る
家賃を支払う	土地を売却して儲ける
給料を支払う　など	車両を売却して儲ける　など

　すべての出来事を「お金の使い方」と「お金の集め方」の両面で捉えて左右に区分けをするというのは、「5つの箱」も同じです。

　「5つの箱」の右側である負債・純資産・収益は、お金の集め方です。

たとえば、銀行からお金を借りてくる、株主に資本金を出資してもらう、会社の経営活動の成果である利益を蓄積する、商品の売上高で稼ぐ、利息を受け取る、配当金を受け取る……、すべてお金の集め方です。

一方、「5つの箱」の左側である資産と費用はお金の運用です。定期預金を開設する、機械や土地を購入する、商品を仕入れる、給料を支払う、接待をする……、これらはすべてお金の使い方です。つまり、「5つの箱」とは「お金の集め方」と「お金の使い方」の一覧表なのです。

「5つの箱」を調達と運用の両面で見よう

「5つの箱」T/Bメソッド

資　産	負　債
金庫にお金を置いておく 会社の定期預金を開設する 仕入先に手付金を支払う 他人にお金を貸し付ける 他人の費用を立て替える 本社ビル、工場を建てる 機械装置、車両を購入する	銀行からお金を借りる 得意先から手付金を受け取る 従業員の源泉所得税を預かる
	純資産 株主に資本金を出してもらう 頑張って利益を蓄積する
費　用 商品を仕入れる 製品を製造する 従業員に給料手当を支払う 事務所の家賃を支払う 広告宣伝用カタログを作る 得意先を寿司屋で接待する 台風で倉庫が倒れて損失を被る	**収　益** 商品の売上高で稼ぐ 利息を受け取る 配当金を受け取る 土地を売却してお金を得る 株式を売却してお金を得る

お金の使い方（運用） ← → お金の集め方（調達）

左右の箱の高さは常に一致

「借方」と「貸方」

経理用語では、左側を「借方」、右側を「貸方」と呼びますが、これは英語の「Debit」(借方)と「Credit」(貸方)を直訳した言葉です。

「借方」と「貸方」の意味

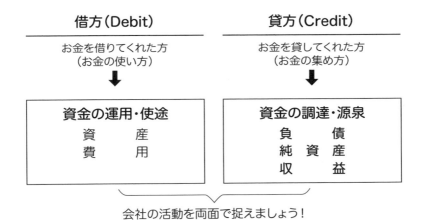

「借方」と「貸方」という難しい言葉はひとまず横に置いて大丈夫です。大切なのは、右側の負債・純資産・収益は会社のお金の集め方(調達)を表し、左側の資産・費用はお金の使い方(運用)を表すという左右対称の図形イメージで考えることです。

そして、いつの時点も、集めたお金(調達)と使っているお金(運用)は同額なので、「5つの箱」の左右の合計金額は、常に、一致します。

このポイントをおさえれば、「5つの箱」は万能選手であり、仕訳、簿記、決算書などをやさしく理解するときのヒントになります。

それでは具体的に、「5つの箱」で仕訳のルールを見ていきましょう!

2 仕訳のルールはとてもかんたん！

経済の発展を支えてきた仕訳と簿記と決算

　仕訳による帳簿記入と決算は複式簿記の歴史でもあり、世界共通の技術として500年の時を超えて語り継がれてきました。これまで経済の発展と企業の経営活動を支えてきた技術である仕訳と簿記と決算は、合理的かつ有用なものです。マスターして損はない！　一生の財産となるはずです。ぜひ、ゲーム感覚で仕訳にチャレンジしてみましょう。

「5つの箱」の中身が増減する

　仕訳は、「5つの箱」の中身の増減で記録します。増加または発生したときは、「5つの箱」の中身をプラス（＋）し、減少または取り消しが起これば、「5つの箱」の中身をマイナス（△）します。経理の技術である「仕訳」は、実は、とても素直なルールなのです。

　「5つの箱」の中身が左右で増えることも、左右で減ることもあります。同じ側で増加と減少が起こることもあります。いずれの場合も、増減後の「5つの箱」の左右の高さは、常に一致します。いつの時点においても、集めたお金（調達）と使っているお金（運用）は同額なので、「5つの箱」の左右の合計金額は、常に同額なのです。

増減のパターンは4つ

　左右の高さが一致する増減パターンは、次の4つしかありません。

（1）左も右も増えて、高さ一致

「5つの箱」の左右の場所

左右の箱の高さは常に一致

（2）左も右も減って、高さ一致

「5つの箱」の左右の場所

△（減少） ← →	△（減少）

左右の箱の高さは常に一致

（3）左側で増加と減少が起こり、高さ一致

「5つの箱」の左右の場所

＋（増加） △（減少）	

左右の箱の高さは常に一致

（4）右側で増加と減少が起こり、高さ一致

「5つの箱」の左右の場所

	＋（増加） △（減少）

左右の箱の高さは常に一致

仕訳のルールは3つだけ！

　「5つの箱」の左右の高さ、つまり合計金額が一致しない仕訳は許されません。そのため、たとえば資産と費用の中身が同時に増えて、左の箱だけが高くなるような仕訳は「絶対に起こり得ない！」のです。

　まとめると、複式簿記のカナメである仕訳のルールは、次の3つです。

人類最高の発明！ 仕訳のルール

仕訳ルール1　増加・発生したときは「5つの箱」のなかでプラスする

仕訳ルール2　減少・取消したときは「5つの箱」からマイナスする

仕訳ルール3　増減（仕訳）後も左右の箱の合計金額は必ず一致する

具体的な「勘定科目」で仕訳する

　資産・負債・純資産・収益・費用とは、「5つの箱」のグループの名称であり、実際の仕訳は、「5つの箱」の中身で表現します。「5つの箱」の中身を、「勘定科目」または「科目」といいます。

　たとえば、会社の本社ビルは「資産」グループの仲間ですが、仕訳では「建物」という具体的な勘定科目により記録します。また同じく「資産」グループである事業用のパソコンは「器具備品」という科目で仕訳します。

　よく使われる勘定科目は、順を追ってマスターしていきましょう。

　なお、勘定科目の選択について、絶対的なルールはありません。「企業会計原則」や「財務諸表等規則」「財務諸表等規則ガイドライン」「法人税法」などを参考にしながら、取引実態に合った最も適切でわかりやすい勘定科目を、会社の判断で選択し、運用しています。

「勘定科目」で仕訳する
「5つの箱」T/Bメソッド

- パソコン ----→「器具備品」という具体的な勘定科目で仕訳する
- 本社ビル ----→「建物」という具体的な勘定科目で仕訳する

仕訳を「5つの箱」に書いてみよう！

次の①から③の3つの出来事を、仕訳のルールに従って「5つの箱」の中身（勘定科目）の増減で記入すると図のとおりです。それぞれの取引の丸付き数字は「5つの箱」の中の丸付き数字と一致しています。

「5つの箱」で仕訳を記録する

① 銀行から借入金100を借り入れ、普通預金へ振り込まれた
② 上記①の借入金100のうち、50を普通預金から返済した
③ 普通預金から今月分の給料手当10を支給した

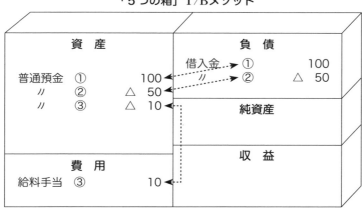

「5つの箱」T/Bメソッド

左右の箱の高さは常に一致

上記のように「5つの箱」そのものは動きません。箱の中身である勘定科目の金額が増えたり減ったりすることで、仕訳は記録されます。

まずは、「5つの箱」の中で、「増えた科目はプラス（＋）で記入」し、「減少した科目はマイナス（△）で記入」するという仕訳の基本を押さえましょう！

3 仕訳を伝票に書くときの約束ごと

増えた科目は本来の場所で

「2 仕訳のルールはとてもかんたん！」で見た「仕訳ルール1」のとおり、ある科目が増加したときは、その科目を「5つの箱」の中でプラス（＋）で記入しました。この場合、増加した科目は、その定位置（各科目の「5つの箱」での本来の場所）である左または右にそのまま書きます。

33ページ①の取引では、普通預金（資産の科目）も増えて、借入金（負債の科目）も増えています。この場合は、「普通預金 100万円／借入金 100万円」と左右の場所で素直に仕訳を書きます。仕訳の真ん中に書く「／」マークは、左側と右側の区分けという意味です。

減少した科目は反対側に

一方、「仕訳ルール2」では注意していただきたいことが1つあります。ある科目が減少したときは、その科目は消えたので、「5つの箱」からマイナス（△）するというのが、仕訳の本来の意味です。

②では、普通預金（資産の科目）も減少し、借入金（負債の科目）も減少しています。これは、「普通預金 △50万円／借入金 △50万円」という意味で、会社から普通預金も借入金もそれぞれ50万円減少しています。

しかし仕訳を書くときには、減少した科目は「5つの箱」の定位置でマイナス（△）記入する代わりに、定位置の反対側にプラスで書きます。

つまり、「借入金 50万円／普通預金 50万円」と書くことで、普通預金も借入金も減少したことを意味します。これは、借入金が左側に動いたのでもなく、普通預金が右側に動いたわけでもありません。ひとつの約束事として、減少した科目を、定位置の反対側に書いているだけです。

③では、普通預金が減少し、給料手当という費用が増えています。

第1章 「T/Bメソッド」で仕訳をマスター

この取引は、1行では書けず、普通預金　△10万円／給料手当　10万円　と左側の2つの科目の増減を意味します。この場合も、減少した科目を本来の場所の反対側にプラスで記入します。その結果、「給料手当10万円／普通預金10万円」と、減少した普通預金を本来の場所の反対側に書きます。

もちろん本来の場所で増減するというのが仕訳の本質ですから、パソコン会計ソフトに、それぞれの定位置でマイナス入力しても構いません。

取引
① 銀行から借入金100を借り入れ、普通預金へ振り込まれた
② 上記①の借入金100のうち、50を普通預金から返済した
③ 普通預金から今月分の給料手当10を支給した

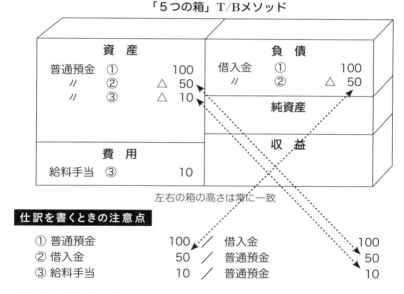

仕訳を書くときの注意点

① 普通預金　　100　／　借入金　　　100
② 借入金　　　 50　／　普通預金　　 50
③ 給料手当　　 10　／　普通預金　　 10

普通預金が右側へ動いたのでも、借入金が左側に動いたのでもありません！

「仕訳ルール2」について、減少した科目は「5つの箱」からマイナスする。ただし**仕訳を書くときは、減少した科目は本来の場所の反対側にプラスで書く**という約束ごとがあることを、追加でご理解ください。

確認テスト②　「5つの箱」で仕訳にチャレンジ！

① 手許現金10万円を普通預金へ預け入れた。
② 郵便局にて切手1万円を現金で購入した。
③ 商品宣伝用チラシを5万円で作成したが代金は来月末に支払う約束で未払いである。
④ 上記③の未払いだったチラシ印刷代金5万円を現金で支払った。
⑤ 営業担当者の東北出張の旅費交通費の仮払いとして3万円の出金を行なった。

ヒント

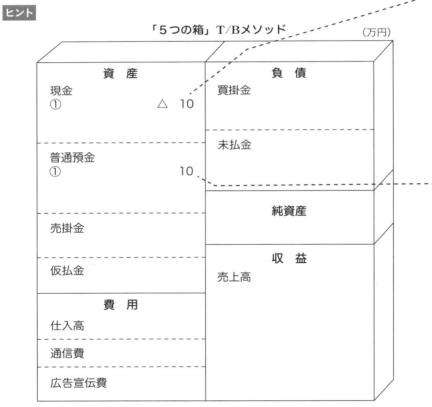

左右の箱の高さは常に一致

第1章 「T/Bメソッド」で仕訳をマスター

⑥ 取扱い商品を20万円で仕入れ、代金は掛けとした（「仕入高」で計上）。
⑦ 買掛金20万円の支払期日が到来し、普通預金から仕入先宛に振り込んだ。
⑧ すべての商品（売価30万円）が売れ、代金は掛けとした。
⑨ 売掛金の回収期日が到来し、30万円が普通預金に振り込まれた。

仕訳で表現してみよう

(万円)

	借方科目	金額	貸方科目	金額
①	普通預金	10	現　金	10
②				
③				
④				
⑤				
⑥				
⑦				
⑧				
⑨				

補足：「売上原価」の会計処理には、商品の仕入時は「仕入高」に計上しておき、期首と期末の在庫の調整を行なうことにより売上原価を計算する「棚卸計算法」と、序章4のように仕入時は「商品」に記録して、売れるつど売上原価に振り替える「継続記録法」の2つの方法があります。ここでは「棚卸計算法」により「仕入高」で計上します（詳しくは第4章で解説します）。

4 「取引」が起これば仕訳しよう

「取引」とは「5つの箱」の中身が増減すること

　日頃から、「当社は、丸菱銀行と取引がある」とか、「ABC社と新規の取引が開始された」と「取引」という言葉を使用します。得意先や仕入先などと商売上の関係があることを「取引」があると表現します。

　一方、会計上の「取引」とは、資産・負債・純資産・収益・費用という「5つの箱」の中身である**勘定科目が金額的に増減する**ことをいいます。

確認テスト③　会計上の取引となるか判定しよう

次の出来事は、会計上の取引に該当しますか？
① 日実不動産（株）と建物賃貸借契約を締結した。　　　　（　）
② 新入社員を、月給20万円の契約で雇い入れた。　　　　（　）
③ 火災により、倉庫が全焼した。　　　　　　　　　　　（　）
④ 事務所の電気代を現金で支払った。　　　　　　　　　（　）
⑤ 雑貨小売業である当社の商品が盗難にあった。　　　　（　）
⑥ 商品カタログを作成し印刷費を現金で支払った。　　　（　）
⑦ 事業用のパソコンを来月末支払いで購入した。　　　　（　）
⑧ お客様より電話にて商品の注文を受けた。　　　　　　（　）

解答は☞216ページ

会計上の取引は両面で捉えよう

　会計的な取引には、必ず「原因」と「結果」の両面があります。

　そのため、取引を記録するときは、両面（複式）で考えて仕訳します。

　たとえば、「現金の増加」という結果には、何かしら「現金を増やす」原因が存在するはずです。具体的には、「お客さまに商品を現金売りする（売上高）」ことや、「銀行から現金を借りてくる（借入金）」ことなどが、お金を増加させる原因として考えられます。あるいは「株主に現金を出資

「原因」と「結果」を考える

（結果）		（原因）
現金の増加	←——→	商品を現金売りする（売上高）
現金の増加	←——→	銀行から借入金を借り入れる（借入金）
現金の増加	←——→	株主に現金を出資してもらう（資本金）

してもらう（資本金）」などの原因によりお金が増えることもあります。

このように、会社で起こるすべての取引を、原因と結果の両面で考えて仕訳することを「**複式簿記**」といいます。複式簿記では、1つの取引について、同時に2つ以上の勘定科目が増減します。

複式簿記こそが、正しい会計記録に不可欠である次の3つの要件をすべて満たす取引記録方法なのです。

① 網羅性 … 真実の取引をすべて洩れなく記録すること
② 検証性 … 領収書や請求書などの証拠書類によって検証できること
③ 秩序性 … 日付順かつ内容別に整然と記録すること

そして、複式簿記により仕訳をした後も、「5つの箱」の左右の高さ（合計金額）は、常に、同額となります。

仕訳と簿記と証拠書類

すべての会計的な取引は、原因と結果の両面で捉えて、仕訳されます。仕訳とは、先に見た3つのルールに従って勘定科目の増減により取引を記録する技術をいいます。

仕訳の結果を現金出納帳や売上帳、得意先元帳などの関連する帳簿に転記・集計する作業を「簿記」といいます。簿記とは、帳簿記入の略語であり、英語の「Book keeping」、すなわち帳簿（book）への日々の記帳（keeping）を意味しています。

取引の仕訳と帳簿記入は、事実を証明できる「証拠書類」に基づいて記録されます。外部との取引では第三者が発行した領収書・請求書などの書類、会社内での取引であれば旅費精算書などが証拠書類となります。

5 「5つの箱」で仕訳をしてみよう！

それでは、「T/Bメソッド」により、「5つの箱」での仕訳と決算書作成の流れを詳しく見ていきましょう。

ぜひ、設例に沿って「5つの箱」の中身の動きを確認してください。

「5つの箱」の丸付き数字は、それぞれの取引の番号と対応しています。

取引①──会社設立

取引 株主（発起人）が現金300万円を出資して株式会社を設立した。

会社の創業時や各事業年度の期首は、「プラスの財産（資産）＝マイナスの財産（負債）＋純額の財産（純資産）」から始まります。

株主が出資してくれた金銭が、会社の現金300万円を増やすと同時に、お金の集め方を資本金300万円に記録して左右の箱の高さは一致します。会社は株主が出資した現金300万円を元手に、今後の商品仕入れや給料の支払いを行なっていきます。上手な経営で現金を増やせるか、下手な経営で現金を減らしてしまうかは、会社経営者の才覚にかかっています。

資本金300万円という調達の記録は純資産に残りますが、いつまでも、資本金と同額の現金が会社にあるわけではありません。

仕訳①　　現金　　　　3,000,000　／　資本金　　　　3,000,000

第1章 「T/Bメソッド」で仕訳をマスター

取引②──商品を仕入れる（ここでは「仕入高」で記録）

取引 取扱商品100万円を仕入れ、60万円は現金払い、残額の40万円は翌月末支払いの約束（ツケ仕入れ）である。

「5つの箱」T/Bメソッド

左右の箱の高さは常に一致

　現金を持っているだけでは儲けることができません。稼ぎを得て儲けるために、まず商売のタネである商品を仕入れなければなりません。

　商品仕入高に費やした100万円は商品が売れるまで取り戻せない「お金の使い方」です。仕入代金のうち60万円は現金で支払いましたが、ツケ（買掛金）による商品仕入は、その代金支払いを翌月末まで待ってもらえる「お金の調達」です。ここでも「5つの箱」の左右の高さは一致します。

仕訳② 減少した科目は反対側にプラスで記入

仕入高	1,000,000	/	現金	600,000
			買掛金	400,000

「売上原価」に関する補足説明

「売上原価」とは、仕入れた商品のうち売れた商品の原価という意味で、とても大切な概念の費用科目です。売上原価の会計処理には、序章④のように仕入時には「商品」（資産科目）に計上し、売れるつど売上原価に振り替える**「継続記録法」**と、商品の仕入時は「仕入高」（費用科目）に計上し、期首と期末の在庫を調整することで売上原価を計算する**「棚卸計算法」**があります。ここでは棚卸計算法により、商品の仕入時には「仕入高」で仕訳しています（詳しくは、第4章で取り上げます）。

取引③──広告宣伝をする

取引 商品販促用に配付するチラシ印刷代10万円を現金で支払った。

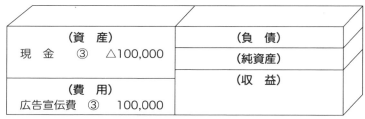

商品仕入に費やしたお金を取り戻すためには、お客さまに買ってもらわなければなりません。商品を売るための工夫として、販促用チラシを作成して配布しました。広告宣伝費10万円が発生するとともに、手許の現金が10万円減少して、「5つの箱」の左右の高さは一致します。

仕訳③ 減少した科目は反対側にプラスで記入

広告宣伝費　　　　100,000　／　現　金　　　　　　100,000

取引④──商品が売れた！

取引 すべての商品を150万円で売却し、100万円は現金で回収し、残額の50万円は、翌月末回収の約束（ツケ売り＝掛け売り）である

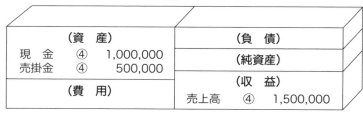

チラシ広告の効果があり、すべての商品が売れました。

売上代金のうち100万円はニコニコ現金回収ですが、残額の50万円は翌月末までお金にならない、ツケ（売掛金）です。資産の現金が100万円、売掛金が50万円増えると同時に、収益の売上高が150万円増えることで、「５つの箱」の左右の高さは一致します。

仕訳④

現　金	1,000,000	／	売上高	1,500,000
売掛金	500,000			

仕訳のルールを再確認

さぁ、ここで仕訳のルールを、もう一度、復習しましょう。仕訳とは、増加すれば箱の中身（勘定科目）をプラスし、減少すれば箱の中身（勘定科目）をマイナスすることです。すべての仕訳は次のとおりです。

事例のように左右の箱の中身が増減することもあり、上下の箱の中身が増減することもあります。また、同じ箱の中身が増減することもあります。いずれの場合も、増減後の「５つの箱」の左右の高さは、常に、同額です。

「５つの箱」T/Bメソッド

左右の箱の高さは常に一致

今回は仕入れた商品がすべて売れたので仕入高＝売上原価です

6 T/Bメソッドで決算書を作成しよう！

期末日の「5つの箱」（残高試算表）を作成する

　会社では数多くの取引が起こるので、事業年度の途中では多くの勘定科目が何度も増減します。

　しかし、決算書において最終的に報告すべき数字は、それぞれの勘定科目の期末日における合計残高です。そのため、期中に2回以上増減した科目は、最終的な合計残高がいくらであるか計算する必要があります。

　たとえば、先ほどの事例で、現金は4回増減していますが、貸借対照表で報告されるのは、期中に増減した結果である最終残高330万円です。

　決算書には、1事業年度中に起こったすべての取引の集計結果として、それぞれの勘定科目の期末日の合計残高が報告されるのです。

　各勘定科目の最終残高を一覧表にした期末日の「5つの箱」を、「残高試算表」（Trial Balance Sheet、略してT/B）といいます。

「5つの箱」T/Bメソッド

（資　産）		（負　債）	
現　金	3,300,000	買掛金	400,000
売掛金	500,000	（純資産）	
		資本金	3,000,000
（費　用）		（収　益）	
仕入高	1,000,000	売上高	1,500,000
広告宣伝費	100,000		
合　計	4,900,000	合　計	4,900,000

「残高試算表」（T/B）は検算表であり決算書の大本

　残高試算表（T/B）は、期末日における残高を一覧表にして、左右の合

計金額が一致しているか試しに計算する検算表の役割を果たしています。もしも残高試算表の左右の合計金額が一致しない場合には、仕訳や集計に誤りがあるということなので、もう一度、見直さなければなりません。

同時に、「残高試算表」(T/B) は決算書の大本ともなる大切な書類です。
決算書は仕訳をとおして同時に作成されるのです。

残高試算表 (T/B) を上下に切り分ける

期末日の「5つの箱」である**残高試算表 (T/B) を上下に切り分ける**と、**決算書が作成**されます。残高試算表の左側は資産と費用で線引きし、右側は純資産と収益で線引きして上下に切り分けます。

「5つの箱」の上半分である資産・負債・純資産を一覧にした書類が「貸借対照表」、下半分の収益と費用を一覧にした書類が「損益計算書」です。

そして、期末日の「5つの箱」を上下に切り分ける時にできる左右の箱の高さの違いが、「当期純利益」です。

当期純利益とは、1事業年度の費用を上回る収益を稼ぎ出したという経営活動の成果です。稼ぎである売上高150万円から、稼ぎを得るために費やした用役110万円（＝売上原価100万円＋広告宣伝費10万円）を差し引き、当期純利益40万円を計算します。損益計算書にて、「利益＝収益－費用」の計算結果として当期の利益が計算されます。同時に、当期純利益は期首の純資産に加えられることで、純資産を増加させて翌期に引き継いでいく原因ともなります。

事例では、損益計算書の当期純利益（40万円）が利益剰余金にも計上されることで、貸借対照表の左右の合計額がバランスしています。

翌期に引き継ぐのはB/Sのみ

さて、図の事例は、新規に設立した会社の第1期末の決算書なので、損益計算書の当期純利益と貸借対照表の利益剰余金は同額の40万円です。

もしもこの会社が次の事業年度も黒字であれば、翌期の純利益が貸借対照表の利益剰余金を積み増して、さらに純資産の額が大きくなります。

たとえば翌期の損益計算書の純利益が50万円だとすると、翌期末の利益剰余金は90万円（＝当期の利益40万円＋翌期の利益50万円）となります。損益計算書は各事業年度の純利益を報告して、その役割を終えますが、**貸借対照表は財産状況を翌期に引き継いでいく大切な役割**を持っています。

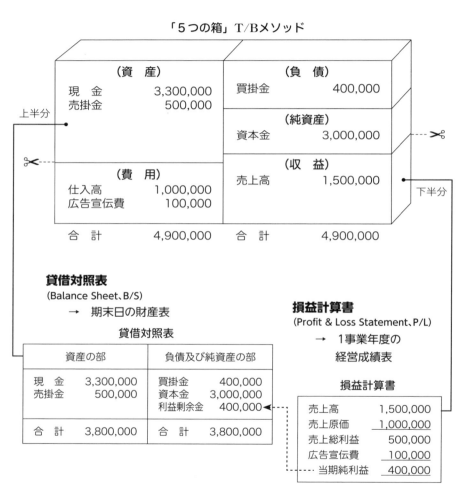

P/Lの当期純利益がB/Sの利益剰余金へと流れ込む

第1章 「T/Bメソッド」で仕訳をマスター

仕訳して、決算書を作成する目的

　ここまでの「5つの箱」による取引の仕訳と決算書作成までの流れを整理しましょう。会計的な取引が起これば仕訳をして、仕訳の集計結果である残高試算表（T/B）を上下に切り分けると、決算書が作成されます。

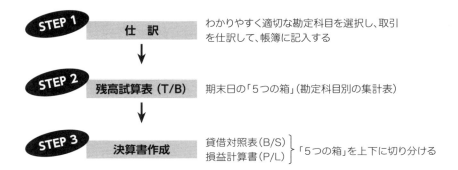

　仕訳して、決算書を作成する目的は、次の3つです。
　まず1つめは、経営活動の成果としての当期純利益を計算するためです。当期純利益は「5つの箱」の下半分の差額ですから、損益計算書アプローチでは、「利益＝収益－費用」により計算できます。
　貸借対照表アプローチでは、当期純利益は純資産を増加させて翌期に引き継いでいく原因となります。純資産は大きいほうが良かったですね。
　続いての目的は、財政状態の健全性を見るために、「貸借対照表」を作成することです。プラスの財産からマイナスの財産を差し引いた差額としての純資産の大きさで財務力を判断することができます。
　最後の目的は、外部への決算報告という会計責任を遂行するためです。決算書は、経営者や従業員など社内の人だけでなく、金融機関、取引先、仕入先、株主など外部の利害関係者も注目しています。
　外部の利害関係者に対してわかりやすい決算書を作成し報告するためには、まず適切な勘定科目を選択して仕訳を積み重ねていくことと、正しい表示ルールで決算書を報告することも求められます。

確認テスト④　T/Bメソッドで決算書を作成してみよう

次の①〜⑨の取引を「5つの箱」に仕訳して決算書を作成してみましょう。
売上原価の会計処理は「棚卸計算法」によります。

① 現金300万円を出資し、株式会社スター事務を設立する。
② 取扱商品である事務机10台（1台の単価3万円）を、現金にて仕入れる（「仕入高」で計上）。
③ 取扱商品であるコピー機3台（1台の単価8万円）を、掛けにて仕入れる（「仕入高」で計上）。
④ 事務所の賃借料10万円を現金にて支払う。
⑤ 新聞の折り込みチラシ5万円を実施し、現金で支払う。
⑥ 上記②の事務机10台すべてを、50万円で掛けにて売上げる。
⑦ 上記③のコピー機3台すべてを、50万円にて売上げ、代金は現金にて回収した。
⑧ 電話応対の学生アルバイトに、給料8万円を現金で支払う。
⑨ 今月分の自分に対する役員報酬を、現金にて20万円支払う。

[1]「5つの箱」で取引記録を行なう

解答は☞217ページ

[2] 期末日の「5つの箱」(T/B、Trial Balance Sheet) を作成する

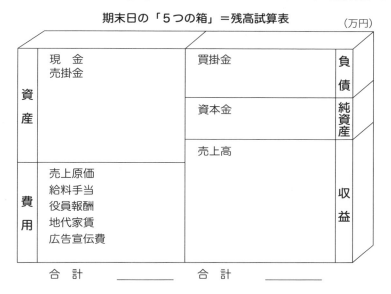

[3] 残高試算表 (T/B、Trial Balance Sheet) を上下に切り分ける

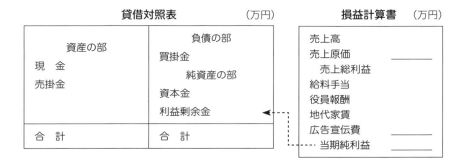

7 「5つの箱」の中身（科目）を見ておこう

(1) 資産の科目

①現金 … 硬貨と紙幣だけでなく、他人振出小切手や郵便為替証書、配当金領収書など、すぐに資金化されるものは現金に含めます。支店などで諸経費の支払いのために保有・管理している金銭は「小口現金」で記録することもあります。

②当座預金 … 手形や小切手の振出しなどを行なう場合に開設する預金です。当座預金は、「無利息、要求払い、決済サービスの提供」という3条件を満たす決済性預金です。

③普通預金 … 開設、解約がともに容易で流動性の高い預金です。

④受取手形（電子記録債権）… 商品の売上代金として相手先から回収した手形。電子化された手形は、「電子記録債権」で仕訳します。

⑤売掛金 … 商品や製品をツケで販売した場合の未回収の代金。建設業では、完成工事未収入金という独特の科目で記録します。

⑥未収入金 … 商品や製品以外の資産の売却代金をまだ回収していない場合の金額。たとえば、有価証券や土地の売却代金の未収分など。

⑦棚卸資産 … 商売のタネである商品・製品・原材料・仕掛品などの会計用語での総称。棚卸資産は、商品の陳列棚から卸して「数」と「品質」をチェックすべき商売の基本となる資産のグループでの総称です。

　　具体的に、卸小売業は商品、製造業は製品・仕掛品・原材料、建設業は未成工事支出金という業種ごとの具体的な科目で記録します。

⑧前渡金 … 商品を仕入れるための手付け金として支出した現金。

⑨貸付金 … 他の会社等に貸し付けた現金。貸借対照表では、期末日の翌日から1年以内に元金の回収期限が到来するものは「短期貸付金」、1年を超えて元金返済を猶予するものは「長期貸付金」として表示し

ます。このような表示ルールを「１年基準」といいます。

⑩立替金 … 他人が支払うべき費用などを立て替えているお金。

⑪建物 … 本社ビル、工場建物、製品を保管するための倉庫等

⑫車両運搬具 … 製品、商品配達用の軽トラック、営業用の自動車

⑬投資有価証券 … 上場会社の株式、国債、社債等への投資額

⑭無形固定資産 … 借地権、特許権、電話加入権などの権利やのれん、ソフトウエアなどの形のない資産。

資産には、いずれ資金化される「**貨幣性資産**」と、いずれ費用化される「**費用性資産**」の２つがあります。

「資産」の科目
「５つの箱」T/Bメソッド

（資　産）	（負　債）
現金・小口現金・当座預金・普通預金・定期預金・納税準備預金・受取手形・電子記録債権・売掛金	
（棚卸資産） 商品・原材料・仕掛品・製品・未成工事支出金	
前渡金・立替金・未収入金・前払費用・未収収益・貸付金・仮払金・仮払消費税等 建物・建物附属設備・構築物・機械及び装置・器具備品・車両運搬具・建設仮勘定・土地・借地権・営業権・特許権・のれん・投資有価証券・長期前払費用	（純資産） 消費税の課税仕入に関連する勘定科目（消費税は第６章で）
	（収　益）
（費　用）	

重要　資産の勘定科目が増減したら
1. 初めての登場と増加は左側で金額をプラスする
2. 減少したときは左側からマイナスする（仕訳を書くときには反対の右側にプラスで記入する）

(2) 負債の科目

①支払手形（電子記録債務）… 商品や原材料の仕入のために約束手形を振り出したことによる債務をいいます。電子化された手形の場合は、「電子記録債務」という科目で仕訳します。

②買掛金 … 原材料、商品など棚卸資産の購入代金の未払部分

③未払金 … 棚卸資産以外の有価証券や土地などの資産購入代金の未払部分、諸経費に関する未払部分

④借入金 … 事業上の手形借入金、証書借入金、当座借越などの借り入れたお金。貸借対照表では「1年基準」により、期末日の翌日から1年以内に元金の返済期限が到来するものは「短期借入金」、1年を超えて調達が可能なものは「長期借入金」として表示します。

⑤預り金 … 報酬・給料を支払う時に、相手方が納付すべき源泉所得税や社会保険料等を天引きして預かったお金。源泉所得税は、原則、翌月10日まで、社会保険料は翌月末までに納付しなければなりません。

⑥前受金 … 商品の売買予約により出荷、納品する前に相手先から受け取った手付金。

⑦未払消費税等 … 当期確定分の消費税等の要納付額。納付期限および申告書の提出期限は期末後2か月以内です。

⑧未払法人税等 … 当期確定分の法人税・住民税・事業税の未払額。納付期限は期末後2か月以内ですが、申告書の提出期限には延長特例が設けられています。ただ、延長期間の法人税等には「利子税（利息として損金算入される）」が課されます。

⑨貸倒引当金 … お金を貸した相手が倒産してしまい回収できない焦げ付きに備えて、回収不能見込額を引き当てた金額。資産から控除する形（△貸倒引当金）で表示します。

⑩賞与引当金（未払賞与）… 従業員に支給する賞与のうち期末までの期間に対応する金額のうち未払い額。

⑪退職給付引当金 … 従業員に支給すべき退職金のうち当期末時点で負

第1章 「T/Bメソッド」で仕訳をマスター

担が見込まれる金額。

「負債」の科目

「5つの箱」T/Bメソッド

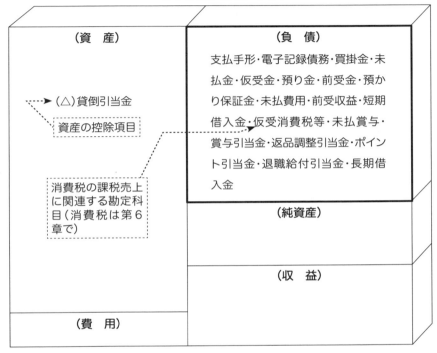

重要

負債の勘定科目が増減したら
1. 初めての登場と増加は右側で金額をプラスする
2. 減少したときは右側からマイナスする（仕訳を書くときには反対の左側にプラスで記入する）

(3) 純資産の科目

　純資産は、貸借対照表では、1．株主資本、2．評価換算差額等（連結貸借対照表では「その他の包括利益累計額」と表示）、3．新株予約権、4．非支配株主持分（連結貸借対照表のみ表示）の4つに区分されます。
　「連結」とは子会社などを含めたグループ単位での損益状況と財産状態を報告するための連結財務諸表を作成する手続きをいいます。

株主資本
　①資本金 … 株主が払い込んだ金額。なお会社法の特例により、株主が払い込んだ金額のうち2分の1を超えない金額を資本金に組み入れないで資本準備金とできます。
　②新株式申込証拠金 … 株主が払い込んだ金額のうち、資本金としての効力が発生する日まで処理する科目。
　③資本準備金 … 株主が払い込んだ金額のうち資本金に組み入れられなかった金額。
　④利益準備金 … 会社法で積み立てが法定されている科目。
　⑤繰越利益剰余金 … 翌期に繰り越す利益の蓄積額。
　⑥自己株式 … 自社が保有する自社の株式。自己株式を取得、保有することは株主への出資の払戻しを意味するため、純資産の控除項目として表示します。

評価換算差額等
　会社が保有する特定の資産に関する評価替え、または連結決算作業における在外子会社の財務諸表の為替換算に伴う換算差額など、当期までの損益計算書に計上されず「純資産直入」されたものをいいます。税効果会計を適用したうえで計上されます。

新株予約権
　新株予約権者が、あらかじめ定められた期間内にあらかじめ定められた価額を払い込むことにより、その株式会社の株式の交付を受けることがで

きる権利。
非支配株主持分
　子会社の純資産のうち親会社に帰属しない部分。

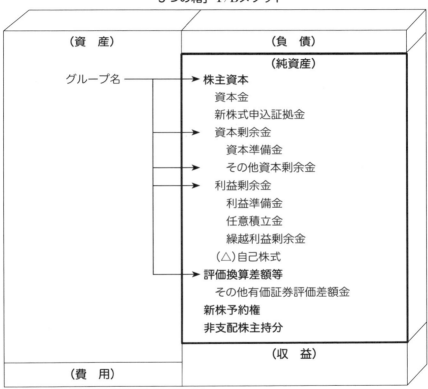

「純資産」の科目
「5つの箱」T/Bメソッド

重要
純資産の勘定科目が増減したら
1. 初めての登場と増加は右側で金額をプラスする
2. 減少したときは右側からマイナスする（仕訳を書くときには反対の左側にプラスで記入する）

(4) 収益の科目

「収益」とは会社の稼ぎ方です。稼いだ金額がそのまま利益としては残りませんので、収益と利益は意味合いが異なります。

収益は、営業上の収益である「営業収益」、本業以外の収益である「営業外収益」、臨時で巨額な当期だけの「特別利益」の3つに区分されます。

営業収益

売上高 … 会社の定款に記載された本来の事業活動を行なうことで当期中に実現した収益をいいます。商品や製品の売上高のほか、サービス（役務）提供による対価、手数料収入なども含まれます。

売上高については、商品等の販売または役務（サービス）の給付により実現したものだけを収益計上する「実現主義」を原則としています。

営業外収益

金融上および財務的な稼ぎ。
① 受取利息 … 預貯金や公社債投資の運用益として受け取る利息
② 受取配当金 … 株主として出資した他の会社から受け取る配当金
③ 為替差益 … 外貨建て資産または負債の取得時と決算日または決済日の為替レート差による儲け
④ 雑収入 … 本業以外での地代収入、作業くずの売却など本業に付随する少額な儲けなど
⑤ 仕入割引 … 契約で定めた期日よりも早期に代金を支払ったことの報償として、仕入先から受け取る金銭等

特別利益

臨時で巨額な当期だけの利益。

特別利益（特別収益とは言いません）は、特別という名前のとおり、当期だけの臨時で巨額な投資有価証券売却益や固定資産売却益などです。
① 投資有価証券売却益 … 投資有価証券の売却価額と帳簿価額の差額
② 固定資産売却益 … 土地、車両運搬具、機械装置などを売却したとき

の売却価額と帳簿価額の差額

「収益」の科目

「5つの箱」T/Bメソッド

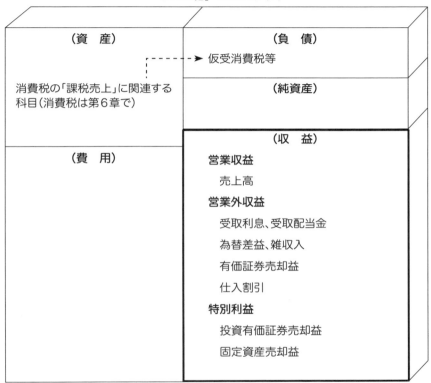

🔴 **重要**

収益の勘定科目が増減したら
1. 初めての登場と増加は右側で金額をプラスする
2. 減少したときは右側からマイナスする(仕訳を書くときには反対の左側にプラスで記入する)

(5) 費用の科目

　費用とは、会社が収益を得るための犠牲であり工夫のための支出です。売上獲得のために、会社が「費やす財貨や用役（サービス）」が費用です。

　損益計算書では、費用の性質と内容に応じて「売上原価」「販売費及び一般管理費」「営業外費用」「特別損失」の4種類に分類表示されます。

　決算書では、次のような具体的な科目で表現されます。ただし費用については、会社によって独特な科目を使用することもあります。

売上原価

　売上原価とは、当期中に売上計上した商品の仕入原価または当期中に売上計上した製品の製造原価です。製造業では、材料費、外注費、労務費および経費など製造原価にかかる計算明細書である「製造原価報告書（Cost Report、略してC/R）」を作成して損益計算書に添付します。

　「売上原価」に関する会計処理には、先に見た「継続記録法」と「棚卸計算法」の2つがあります（詳しくは、第4章で取りあげます）。

販売費及び一般管理費

　販売費及び一般管理費は、商製品の販売や会社を管理するための費用であり、販管費「ハンカンヒ」と略して呼称されます。これらの販管費については内訳書を作成して損益計算書に添付します。

　①給料手当 … 従業員に対する毎月の基本給・諸手当の支払額
　②役員報酬 … 取締役および監査役への報酬と賞与の支払額
　③賞与 … 従業員への夏期賞与、冬期賞与、決算賞与など臨時の給与
　④退職金 … 退職に基因して支払う一切の給与
　⑤法定福利費 … 会社負担部分の厚生年金保険・健康保険・介護保険などの社会保険料や労災保険や雇用保険などの労働保険料
　⑥福利厚生費 … 従業員に対する慶弔見舞金、慰安旅行の費用、衛生、保健等の費用
　⑦接待交際費 … 事業に関係のある得意先等への接待、慰安、贈答、供

応、慶弔等の費用
⑧会議費 … 社内会議、得意先との打ち合わせ、代理店会議等の費用
⑨寄附金 … 事業に関係のない者に対する金銭または資産の贈与または時価より低い価額での資産譲渡など
⑩旅費交通費 … 通勤手当、出張旅費、日当、支度金等の支給額
⑪広告宣伝費 … カタログ制作、チラシ印刷代、不特定多数の者に、社名や製品名を広く告知するための宣伝の費用
⑫売上割戻し … 販売価額または回収高に応じて一定の基準に従って支払う得意先への報奨金（通称として「リベート」と呼ばれます）
⑬租税公課 … 固定資産税、印紙税、自動車税などの税金
⑭賃借料 … コピー機や車両などのリース料
⑮地代家賃 … 本社や支店の家賃、駐車場の地代
⑯修繕費 … 壊れた部品の取り替えや資産の原状回復、機能維持のための修理費
⑰通信費 … 電話代、郵便切手代、葉書代、電報代
⑱消耗品費 … 事務用品や購入価額が少額な資産の購入代金
⑲水道光熱費 … 水道代、ガス代、電気代
⑳減価償却費 … 減価償却資産の価値減少部分を費用とみなして取得価額を減少させるとともに費用計上する金額

営業外費用

金融上および財務的な費用
①支払利息 … 借入金および社債に対する資金調達コスト
②手形売却損 … 手形を金融機関に対して期日前に譲渡（売却）した場合の割引日から期日までの利息に相当する割引料
③為替差損 … 外貨建て資産および負債の取得時と決算日または決済日の為替レート差による損失

特別損失

臨時で巨額な当期だけの損失
①災害損失 … 火災や風水害などにより資産に受けた損害

②投資有価証券売却損 … 投資有価証券の売却価額と帳簿価額の差額
③固定資産売却損 … 土地、車両運搬具、機械装置などを売却したときの売却価額と帳簿価額の差額

「費用」の科目

「5つの箱」T/Bメソッド

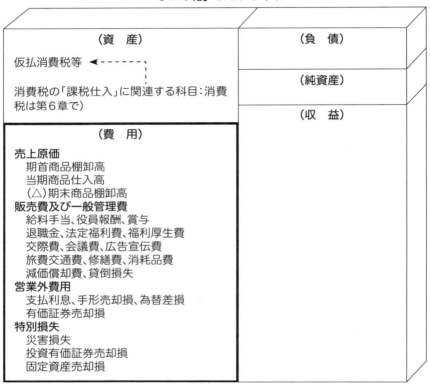

🔴 **重要**

費用の勘定科目が増減したら
1. 初めての登場と増加は左側で金額をプラスする
2. 減少・取り消したときは左側からマイナスする(仕訳を書くときには反対の右側にプラスで記入する)

第2章

まずは、「現預金」の取引を完全マスター

現預金を増減させる相手科目を
1. 「現預金は左!」
2. 仕訳の3つのルール

を基本に考えてみましょう!

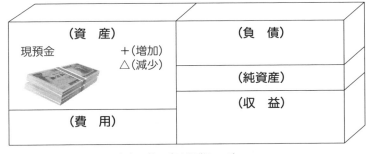

「5つの箱」T/Bメソッド

左右の箱の高さは常に一致

仕訳の3つのルール

Rule 1：増加した科目は「5つの箱」にプラス（＋）で記入
Rule 2：減少した科目は「5つの箱」にマイナス（△）で記入
Rule 3：増減後も「5つの箱」の左右の高さは常に一致する

1 現預金が増える取引

左側の「現金」を増やす相手は？

　現預金が増える取引の仕訳から見ていきましょう。「お金の増加」という結果には、何かしら「お金を増やす」原因が存在します。

　「現金は左」であり、取引を仕訳したあとも「5つの箱」の左右の高さは常に一致することを思い出してください。そうです！　お金を増やすのは、「負債が増える」「純資産が増える」「収益が増える」、そして「現預金以外の資産が減って、その分現預金が増えること」の4つがあります。

「5つの箱」T/Bメソッド

```
┌─────────────────────────┬─────────────────────────┐
│       （資　産）        │      （負　債）         │
│    → 現預金 ＋（増加）←─┼──→  ＋（増加）          │
│                         ├─────────────────────────┤
│                         │     （純資産）          │
│                         │      ＋（増加）         │
│   → 現預金以外の資産 △（減少）                    │
│                         │     （収　益）          │
│       （費　用）        │      ＋（増加）         │
└─────────────────────────┴─────────────────────────┘
```

左右の箱の高さは常に一致

たとえば、現預金が100増える原因となるのは、次のような取引です。

① （結果）現預金が増える　←（原因）銀行から借金をする

| 現預金 | ＋100 | 借入金 | ＋100 |

② （結果）現預金が増える　←（原因）株主に出資してもらう

| 現預金 | ＋100 | 資本金 | ＋100 |

③ （結果）現預金が増える　←（原因）配当金が振り込まれる

| 現預金 | ＋100 | 受取配当金 | ＋100 |

④（結果）現預金が増える　←（原因）現預金以外の資産が減る

| 現預金 | +100 |
| 売掛金 | △100 |

それでは、「現金は左」と「5つの箱」の左右の高さは常に一致するという原則で、「現預金が増える取引」を仕訳してみましょう。

負債が増えると、現預金が増える！

お金の集め方である「借入金」が増えれば、お金も増えます。

取引 借入金の借入れ

ヤマト商事から借入金10,000,000円を、借入期間1年、年利率1％で後払いの条件で借入れ、普通預金に入金された。

ヒント 「5つの箱」の中での増減をイメージする

「5つの箱」T/Bメソッド

左右の箱の高さは常に一致

仕訳にチャレンジ！

普通預金　　　10,000,000　／　短期借入金　　　10,000,000

純資産が増えると、現預金が増える！

お金の集め方である「純資産」が増えれば、お金も増えます。

取引 増資による資本の増加

普通株式20,000株、1株500円で発行することで増資を行ない、申込証拠金を払込期日に当座預金に振り替えた。払込金額のうち、2分の1は資本金に組み入れず、資本準備金とした。

ヒント 「5つの箱」の中での増減をイメージする

左右の箱の高さは常に一致

仕訳にチャレンジ！

当座預金　　10,000,000　／　資本金　　　5,000,000
　　　　　　　　　　　　　　　資本準備金　5,000,000

　株主からの出資や増資で受け入れた金額については、会社法の特例で、株主が払い込んだ金額のうち2分の1を超えない金額を「資本準備金」に区分してよいことになっています。

　実は、資本金が大きいことは会社にとって良いことばかりでもないのです。資本金が1億円を超えると税務上の大法人に分類され、中小法人に対する税制優遇が受けられなくなります。また資本金5億円以上の会社は、会社法での大会社に分類され、会計監査人を設置して計算書類の監査を受けることが強制されます。会社運営についてのコストが増えるのです。また、資本金よりも資本準備金のほうが、その後の取崩し手続きが容易であること、資本金に組み入れた金額に対して登録免許税が課税されるなども考慮し、設立時や増資時にこの特例を受ける事例も見受けられます。

　この場合は、株主からの払込金額の2分の1を資本金に、2分の1は資本準備金に仕訳します。

収益が増えると、現預金が増える！

　お金の集め方である収益が増えれば、お金も増えます。

第2章　まずは、「現預金」の取引を完全マスター

|取引| 保険金の受け取り（雑収入）

役員を被保険者として加入していた掛け捨ての定期保険につき、役員の死亡により保険金5,000,000円が普通預金に振り込まれた。

|ヒント| 「5つの箱」の中での増減をイメージする

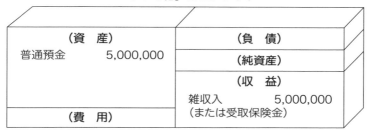

|仕訳にチャレンジ！|

普通預金　　　　　5,000,000　／　雑収入　　　　　　5,000,000

現預金以外の資産が減ると、現預金が増える！

現預金以外の資産が減少することは、現預金を増やす原因となります。

|取引| 売掛金の回収

得意先に対する売掛金200,000円が普通預金に振り込まれた。

|ヒント| 「5つの箱」の中での増減をイメージする

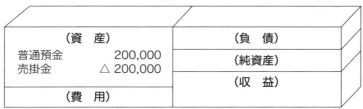

|仕訳にチャレンジ！| 減少した科目は反対側にプラスで記入

普通預金　　　　　　200,000　／　売掛金　　　　　　　200,000

2 現預金が減少する取引

左側の「現金」を減らす相手は?

続いて、現預金が減少する取引の仕訳を考えましょう。「お金の減少」という結果には、何かしら「お金を減らす」原因が存在します。

「現金は左」であり、取引を仕訳したあとも「5つの箱」の左右の高さは常に一致することを思い出してください。お金を減少させる代表的な取引には、「負債が減る」「現預金以外の資産が増える」「費用が増える」の3つがあります。まれに、株主に出資を払い戻すなどの「純資産の減少」の取引が現預金を減少させるケースも起こります。

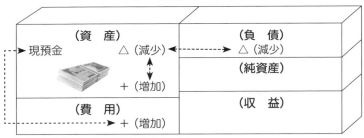

「5つの箱」T/Bメソッド

左右の箱の高さは常に一致

たとえば、現預金を100減少させる原因となるのは次のような取引です。

① (結果) 現預金が減る　←(原因) 銀行の借金を返済する

現預金	△100	借入金	△100

② (結果) 現預金が減る　←(原因) 資産を購入する

現預金	△100		
土　地	+100		

③（結果）現預金が減る　←（原因）チラシ印刷代を支払う

現預金	△100
広告宣伝費	+100

　なお、①のように左右の科目ともに△表示で書いたり、②や③のように同じ側の科目の増加と減少を２行に重ねて書くと少々見づらくなります。そこで、第１章「③仕訳を伝票に書くときの約束ごと」で見たように、減少した（（△）表示となった）勘定科目は、それぞれの科目の「５つの箱」での定位置の反対側でプラスで表示します。
　それでは、具体的に「現預金が減る取引」を仕訳してみましょう。

負債が減ると、現預金も減る！

　負債である「借入金」が減れば（借金を返せば）、現預金も減ります。

取引 借入金の返済

　　ヤマト商事より借り入れていた短期借入金10,000,000円（借入期間１年、年利率１％で後払いの条件）と、借入期間の支払利息100,000円を合わせて普通預金から返済した。

ヒント「５つの箱」の中での増減をイメージする

「５つの箱」T/Bメソッド

左右の箱の高さは常に一致

| 仕訳にチャレンジ！ | 減少した科目は反対側にプラスで記入 |

| 短期借入金 | 10,000,000 | / | 普通預金 | 10,100,000 |
| 支払利息 | 100,000 | | | |

(注)支払利息 … 10,000,000円×1％＝100,000円

　この取引は同時に、次ページの「費用が増えると、現預金は減る！」という組み合わせにも当てはまっています。

資産が増えると、現預金は減る！

　お金の使い方である現預金以外の「資産」が増えれば現預金は減ります。

| 取引 | 土地の取得 |

　社宅の建設用地として土地10,000,000円を購入し、代金は普通預金から振り込んだ。

| ヒント | 「5つの箱」の中での増減をイメージする |

「5つの箱」T/Bメソッド

左右の箱の高さは常に一致

| 仕訳にチャレンジ！ | 減少した科目は反対側にプラスで記入 |

| 土　地 | 10,000,000 | / | 普通預金 | 10,000,000 |

費用が増えると、現預金は減る！

お金の使い方である費用の代金を支払えば、現預金は減ります。

取引 お祝い金の支払い

　得意先の新社屋完成のお祝い金50,000円を現金で支払った。

ヒント 「5つの箱」の中での増減をイメージする

「5つの箱」T/Bメソッド

（資　産）
現　金　　　△50,000

（負　債）

（純資産）

（収　益）

（費　用）
交際費　　　50,000

左右の箱の高さは常に一致

仕訳にチャレンジ！ 減少した科目は反対側にプラスで記入

　交際費　　　　　50,000　／　現　金　　　　　50,000

このように、費用の科目が増えることを「費用が発生する」という言い方をします。

3 現預金が増減する取引の総まとめ

前渡金 … 商品を仕入れる前の手付金

「前渡金」は、商品の仕入れに際して納品前に渡すお金（手付金）です。仕入先に手付金を支払うことで、商品を仕入れる権利が手に入りますので、前渡金は資産グループの科目です。

手付金を支払う時には、仕入高（費用グループ）や商品（資産グループ）の増加ではなく、お金の支出だけを前渡金に記録しておきます。その後、実際に商品の納品を受けたときに、仕入高または商品へ振り替えます。

取引 手付金の支払いと商品の仕入計上
① 仕入先に商品仕入の手付金50,000円を現金で支払った。
② 上記の①の商品150,000円が納品され、差額は掛けとした。

ヒント 「5つの箱」の中での増減をイメージする

左右の箱の高さは常に一致

仕訳にチャレンジ！ 減少した科目は反対側にプラスで記入

① 前渡金　　　50,000　／　現　金　　　　50,000
② 仕入高　　 150,000　／　前渡金　　　　50,000
　　　　　　　　　　　／　買掛金　　　 100,000

②で商品が納品されたときに、前渡金を消して仕入高に振り替えます。

貸付金… 他人への金銭の貸付け

「貸付金」は、「金銭消費貸借契約書」を作成して他の会社や役員等に貸し付けた現金です。貸付金のうち、従業員、役員、関係会社への貸付金で金額的に重要なものは、「従業員貸付金」「役員貸付金」「関係会社貸付金」という勘定科目で、他の貸付金と区別して仕訳します。

貸借対照表では貸付金は「1年基準」で区分して表示します。期末日の翌日から1年以内に元金の返済期限が到来する金額は「短期貸付金」で仕訳し、流動資産に表示します。1年を超えて元金返済を猶予する金額は「長期貸付金」で仕訳し固定資産に表示します。

取引 **貸付金の貸付けと回収**
① 取引先に返済期限6か月の約束で現金1,000,000円を貸付けた。
② 6か月後の返済期日に上記①の貸付金の元金と利息20,000円が当社の普通預金に振り込まれた

ヒント **「5つの箱」の中での増減をイメージする**

「5つの箱」T/Bメソッド

左右の箱の高さは常に一致

仕訳にチャレンジ！ **減少した科目は反対側にプラスで記入**

① 短期貸付金	1,000,000	/	現　金	1,000,000
② 普通預金	1,020,000	/	短期貸付金	1,000,000
		/	受取利息	20,000

また、「金銭消費貸借契約書」に記載された貸付期間、回収期日、利率

などの諸条件が適正であるか、相手先の資力から見て返済可能な貸付額か、担保等を入手して債権保全措置を図っているかを調べておきましょう。

金銭消費貸借契約書は印紙税の課税文書なので、紙ベースで契約書を作成する場合は、貸付額に応じた収入印紙の貼付と消印が必要です。

立替金 … 一時的な立て替え払い

「立替金」とは、他人のために一時的に立て替えた金銭の支出です。貸付金のように契約書を締結して利息を受け取る支出とは異なります。

たとえば、得意先や外注先が負担すべき費用の一時的な立て替えなどがあります。基本的に、立て替えた金銭は短期間で戻ってきます。

|取引| 立て替え払いとその回収
① 得意先負担の運賃5,000円を現金で立替払いした。
② 上記①の立替運賃が普通預金に振り込まれた。

|ヒント|「5つの箱」の中での増減をイメージする

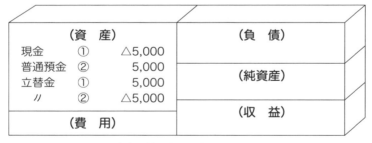

「5つの箱」T/Bメソッド

左右の箱の高さは常に一致

|仕訳にチャレンジ!| 減少した科目は反対側にプラスで記入

① 立替金　　　　　5,000　／　現　金　　　　　5,000
② 普通預金　　　　5,000　／　立替金　　　　　5,000

仮払金 … 決算までにゼロにすべき仮勘定

「仮払金」は、仮に支払った金銭の支出です。仮払金は出金したものの

正式な勘定科目や金額が決定できないときに、一時的な処理のため仮に記録しておく勘定科目なので、早めに本来の勘定科目に振り替えます。

取引①のように、旅費で精算すべき金銭の支出が仮払金に残っていると、その分だけ利益が過大に計上されていることになります。貸借対照表に、資産性のない科目が計上されていないか注意しておきたいところです。

取引 仮払金の出金と精算

① 営業担当者の海外出張旅費150,000円を仮払いした。
② 旅費精算書とともに、領収書155,000円が提出されたので、不足分5,000円を現金で支払い精算した。

ヒント「5つの箱」の中での増減をイメージする

「5つの箱」T/Bメソッド

（資　産）	（負　債）
現　金　①　△150,000	
〃　　　②　△5,000	（純資産）
仮払金　①　150,000	
〃　　　②　△150,000	（収　益）
（費　用）	
旅　費　②　155,000	

左右の箱の高さは常に一致

仕訳にチャレンジ！ 減少した科目は反対側にプラスで記入

① 仮払金	150,000	／	現　金	150,000
② 旅　費	155,000	／	仮払金	150,000
			現　金	5,000

「借入金」… 他人から借り入れたお金

「借入金」は、事業上の証書借入金、手形借入金、当座借越などの「他人から借入れたお金」を処理する科目です。

先に見たとおり、借入金の借り入れは現預金を増加させる原因となり、

借入金の返済は現預金を減少させる原因となります。

前受金 … 先に受け取った売上代金

「前受金」は、商品の売買契約に伴って、納品前に代金を受け取ったお金を記録する勘定科目です。得意先から先に商品代を受け取ったことで、商品を出荷する義務を負うため前受金は負債科目です。

その後、商品を引き渡すことで出荷する義務を果たしたときに、前受金を消して売上高（収益科目）に振り替えます。売上高は、代金を受け取ったときに計上する現金主義ではなく、得意先に商品を引き渡したときに計上する「実現主義」により仕訳します。

仮受金 … 仮に受け取ったお金

「仮受金」は、仮に受け取ったお金を記録する勘定科目です。現金を受け取ったものの、取引内容や金額が確定できないときに一時的に記録する仮の科目なので、内容を調査して決算までに正式な科目へ振り替えます。

預かり保証金 … いずれ返済する必要があるお金

「預かり保証金」は、商品取引の契約、資産の賃貸契約、代理店契約などの締結にあたり、取引の安全を図るために相手先から受け取る金銭を記録する勘定科目です。契約終了時には預かったお金は返却する義務を負いますので預かり保証金は負債グループの科目です。

取引 その他の負債科目（消費税は考慮していません）
① 前受金の受け取り … 東北工具から商品購入の注文を受け、手付金として小切手50,000円を受け取った。
② 商品の出荷（売上高の実現）… 上記①で東北工具から注文を受けた商品200,000円を出荷し、代金は掛けとした。
③ 内容不明の現金の受け取り … 出張中の従業員から150,000円が現金書留で送付されたが、内容が不明である。
④ 仮受金の振替え … 出張から戻った従業員に確認したところ、上記③

第2章 まずは、「現預金」の取引を完全マスター

は東北工具に対する売掛金回収であることが判明した。
⑤ 保証金の預かり … 新規代理店契約の締結に当たり、宮崎商会から保証金1,500,000円を小切手で受け取った。

ヒント 「5つの箱」の中での増減をイメージする

「5つの箱」T/Bメソッド

（資　産）			（負　債）		
現　金	①	50,000	前受金	①	50,000
〃	③	150,000	〃	②	△50,000
〃	⑤	1,500,000	仮受金	③	150,000
売掛金	②	150,000	〃	④	△150,000
〃	④	△150,000	預かり保証金	⑤	1,500,000

（純資産）

（費　用）	（収　益）		
	売上高	②	200,000

左右の箱の高さは常に一致

仕訳にチャレンジ！ 減少した科目は反対側にプラスで記入

① 現　金　　　　50,000　／　前受金　　　　　50,000
② 売掛金　　　150,000　／　売上高　　　　　200,000
　　前受金　　　50,000　／
（注）出荷前に一部手付金を受け取っているので、残りの金額のみ売掛金に計上します！

③ 現　金　　　150,000　／　仮受金　　　　　150,000
④ 仮受金　　　150,000　／　売掛金　　　　　150,000
⑤ 現　金　　1,500,000　／　預かり保証金　1,500,000

4 現金過不足と金庫の管理

現金の「実査」による過不足

　金庫の現金は、定期的に「実査」により帳簿残高と突合します。現物と帳簿に差額があるときは、その原因を調べて適切な勘定科目に振り替える仕訳を起票します。金庫の現金が帳簿残高よりも多いときもあれば、不足することもあるので、その相違額を「現金過不足」といいます。

　もしも調査しても過不足の原因が判明しない場合には、帳簿残高を金庫の残高に合わせる形で、差額を雑損失または雑収入として処理します。金庫の現金が盗難にあった場合も、雑損失に記帳します。

|取引| **現金過不足の原因が不明**

　金庫の実査で現金残高が現金出納帳残高より20,000円少なかったが、決算作業においてもその原因は究明できなかった。

|ヒント| 「5つの箱」の中での増減をイメージする

「5つの箱」T/Bメソッド

（資　産）	（負　債）
現　金　　　△20,000	
	（純資産）
	（収　益）
（費　用）	
雑損失　　　20,000	

左右の箱の高さは常に一致

|仕訳にチャレンジ！| 減少した科目は反対側にプラスで記入

　雑損失　　　20,000　／　現　金　　　20,000

取引 現金過不足の原因が判明した！

金庫の実査で現金残高が現金出納帳残高より30,000円少なかったが、その原因は、収入印紙の購入の記帳洩れであることが判明した。

ヒント 「5つの箱」の中での増減をイメージする

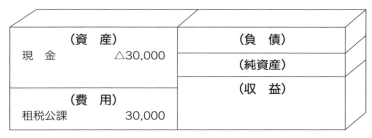

「5つの箱」T/Bメソッド

（資　産）	（負　債）
現　金　　　△30,000	（純資産）
（費　用）	（収　益）
租税公課　　　30,000	

左右の箱の高さは常に一致

仕訳にチャレンジ！ 減少した科目は反対側にプラスで記入

　　租税公課　　　　　　30,000　／　現　金　　　　　　30,000

現金出納業務と内部統制

　現金の収入と支出を管理する業務を、「現金出納業務」といいます。

　現金出納業務や金庫の管理では、横領や着服などの不正が起きないように「内部統制」のしくみを確立することが大切です。内部統制とは、「会社の内部で統制を図り、不正が起きないしくみづくりをする」ことです。

　内部統制の基本として、社内における出張旅費の精算も、外部への諸経費の支払いも、いずれも旅費精算書、請求書、領収書などの「証拠書類」に基づいて、出金または入金処理を行ないます。

　また会社規模が大きくなると、現金取引についての担当者を区分します。具体的には、①取引実行者、②記帳担当者、③伝票承認者、④現金管理者という職務ごとに担当者を区分し、相互に牽制し合うことで、不正が起こるリスクを未然に防止します。同じ人が何年も続けて現金出納業務を行なうのではなく、適宜、担当者を配置転換するしくみも大切です。

5 当座預金と小切手

当座預金

　当座預金は、①無利息、②要求払い預金、③決済サービスの提供という3条件を満たす預金です。利息が付かない決済性預金であるため、万が一、金融機関が破たんしても「ペイオフ」の対象となりません。ペイオフでは、預金保険制度に基づき保険対象預金につき、一定限度額（1預金者当たり、1金融機関につき、元本1,000万円とその利息）まで保険金の直接支払いが行なわれます。限度額を超える部分は、破たん金融機関の財産状況に応じて一部カットされる可能性もあります。

　「要求払い預金」とは、預金者が解約を要求すれば、すぐに払ってもらえる拘束されていない預金という意味です。当座預金は、小切手の振り出しなどに充てることができる「決済性預金」であり、書いて字のごとく、「当座の決済のために預けているお金」だといえます。

「小切手」の振り出し

　小切手の振り出しは当座預金の減少として処理します。いずれ受取人が小切手を取立てに回せば、銀行をとおして振出人の当座預金から支払われるためです。もちろん、振出人が当座預金の減少で仕訳しても、受取人が取立てに回すまでは当座預金から引き落とされません。このような、「未取付小切手」があると当座預金の帳簿残高と銀行残高が一致しません。

　そこで、「当座預金勘定調整表」を作成して差異を把握しておきます。

「小切手」の回収

　他人が振り出した**小切手を回収した**場合は**現金**で仕訳します。

　小切手の左肩や金額の右肩に「線引き」がある場合には、原則として、

銀行の窓口で現金を持ち帰ることはできません。線引き小切手と通帳を銀行に持参し、通帳への入金という形で資金化します。小切手を資金化した人が特定できるように、また紛失や盗難などのリスクに備えるため、「線引き小切手」とするのが基本です。

取引　小切手の回収と振り出し

　① 今月分の家賃100,000円を小切手で受け取った。
　② 土地5,000,000円を購入し、代金を小切手で支払った。

ヒント　「5つの箱」の中での増減をイメージする

「5つの箱」T/Bメソッド

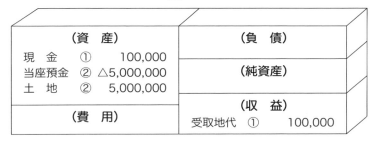

左右の箱の高さは常に一致

仕訳にチャレンジ！　減少した科目は反対側にプラスで記入

　① 現　金　　　100,000　／　受取地代　　　100,000
　② 土　地　　5,000,000　／　当座預金　　5,000,000

当座預金のマイナス＝当座借越

　当座預金は無利息である反面で、預金者にとっては「当座借越」という便利な制度があります。当座借越とは、あらかじめ期間と限度額を設定したうえで、その限度額までは、自動的に融資が行なわれる貸付制度です。限度額の範囲内であれば、当座預金残高を超える金額の小切手の振り出しや手形の決済が可能となります。預金者から見れば、当座借越は借り入れに際しての書類作成も必要なく、有難い制度です。しかし銀行にとっては、管理コストの負担が重く、貸した資金の使途も把握できません。そのため、

原則として、優良企業についてのみ当座借越契約を締結しています。
　当座借越契約を結んだ場合には、その借越限度額まで預金残高を超えて、手形決済や小切手の振り出しが可能であり、資金不足で小切手が決済されず不渡りになるという状況を避けられます。
　当座預金残高を超過した部分、つまり当座預金のマイナス残高は、銀行からの借入金を意味します。赤残状態で決算日を迎えた場合は、「短期借入金」へ科目を振り替えます。
　なお当座預金には通帳がないので、取引銀行から「当座勘定照合表」を取り寄せて、当座預金出納帳の残高とチェックします。

C O L U M N

預金の残高確認と「当座預金勘定調整表」

　決算時には預金口座ごとに銀行から「残高証明書」を入手し、期末日の実際残高と帳簿残高が合っているかを確認します。
　当座預金の帳簿残高と銀行残高が一致しない場合には、「当座預金勘定調整表」を作成して差異原因（未取付小切手等）を把握しておく必要があります。

当座預金勘定調整表

○△銀行　　　　　　　　　　　　　　　　　　　平成△年3月31日

摘　　　　要	金　額	顚　末
(1) 銀行残高証明	11,510,500	
(2) 加算…記帳済み未入金		
① 取立手形期日未入金	＋500,000	4/1入金
② 未預け入れ小切手	＋150,000	4/1預入
(3) 減算		
① 未取付け小切手（梅商事）	△420,000	4/3落
② 振込入金の未記帳	△315,000	3/31記帳
(4) 帳簿残高	11,425,500	11,740,500円

第3章

「掛け」による取引
──第1ハードル

企業会計は、「発生主義」と「実現主義」が原則です
1. 支払っていなくても「仕入高」に計上します
2. 回収していなくても「売上高」に計上します
3. 売上高は「実現主義」で計上します

「5つの箱」T/Bメソッド

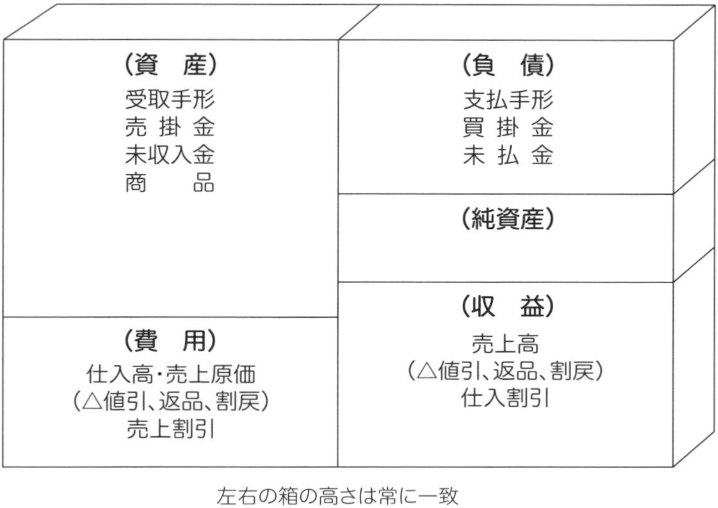

(資　産) 受取手形 売掛金 未収入金 商　品	(負　債) 支払手形 買掛金 未払金
	(純資産)
(費　用) 仕入高・売上原価 (△値引、返品、割戻) 売上割引	(収　益) 売上高 (△値引、返品、割戻) 仕入割引

左右の箱の高さは常に一致

1 仕入取引の流れ

　この章では、多くの方々がつまずく「掛け取引」による仕入の計上と代金支払い、売上の計上と代金回収について見ていきましょう！

取引が「発生」したときに計上する

　企業の損益計算においては、「すべての収益および費用は、その発生した期間に正しく計上しなければならない」とされています。
　この原則を、「発生主義」といいます。
　また、仕入先から色々な種類の商品を日々仕入れる場合に、仕入れの都度、商品代金を現金で支払うのは手間がかかります。そのため、通常は継続して取引のある仕入先には、1か月分の仕入代金の合計額を後で支払う信用取引となります。後で支払う約束で購入することを、「ツケ」買い、または「掛け」買いといいます。「掛け」買いの仕入についても、発生主義では、代金を支払った時ではなく、仕入の事実が発生したときに計上しなければなりません。具体的には、注文した商品が納入されたら注文書控と照合して、数量と品質の検収を終えた時点で商品（または仕入高）に計上します。損益計上ルールが発生主義であるために、企業会計の仕訳では、ツケ取引の「買掛金」、「支払手形」という勘定科目が登場します。

仕入に関する取引の流れ

　現在、多くの企業で、購買管理・在庫管理・原価管理・債務管理等と会計処理を連携して管理する統合基幹業務システムの導入が増えています。統合基幹業務システムでは、購買部門の仕入入力により仕入高（または商品）に計上され、在庫や買掛金の管理もリアルタイムで行なえるため経営の効率化が図られます。その一方で、すべてが自動的にシステム処理され、現場のしごとと会計処理のつながりが見えにくくなってしまいます。

ここでは理解を深めるために、あえて購買業務に関する会計処理を手作業での仕訳入力で行なう前提のもとで、一般的な仕入取引と会計処理の流れ（1．仕入計上の会計処理、→2．仕入債務（支払手形と買掛金）の支払処理、→3．仕入債務の管理）を見ておきましょう。

(1) 仕入先に商品の注文をする
購買部門が注文書を発行することで仕入先に対して発注します。

(2) 仕入先から商品が届く
倉庫では納入された商品等の検収を行ない、注文書と納品書と現物が一致していることを確認します。検収の結果を納品書に記載し、検収済印を押したうえで購買部門へ回付します。

(3) 仕入に関する伝票起票
購買部門は、検収済印の押された納品書で数量等を確認したうえで仕入伝票を起票します（指定納品書の場合には納品書がそのまま仕入伝票になる）。発注管理のため注文書控には納入済印を押しておきます。

(4) 仕入に関する帳簿記入（通常はシステムで自動的に処理される）
仕入伝票に基づき仕入帳、仕入先元帳、総勘定元帳へ記帳します。

(5) 月末締切業務を行なう
購買分析資料や支払一覧表の作成のために、仕入高・買掛金等を月末（または締め日）で締め切ります。

(6) 請求書受領と支払い
支払いの締め日に買掛金の残高を集計して、仕入先から送付された請求書の明細、請求金額、支払条件を確認したうえで支払処理へ回します。

照合された買掛金を期日に支払います（支払方法は、現金払い、小切手・手形の振り出し、手形の裏書、期日払い、相殺など）。支払伝票を起票して、買掛金の支払いを仕入先元帳、総勘定元帳に記帳します。

(7) 仕入債務の管理
仕入先別に買掛金残高の内容を精査することにより、赤残などの異常残高がないか定期的にチェックします。また、長期間にわたり未払いの買掛金がないかエイジング（発生年月日）による分析を行ないます。

2 買掛金

「商品」か、「仕入高」か？

　これまで何度か解説しましたが、売上原価とは「売上計上した商品の仕入原価」を意味する費用科目です。

　売上原価の会計処理には、序章と第1章で見た「継続記録法」と「棚卸計算法」の2つの方法があり、いずれの会計処理を採用しているかにより、商品を仕入れたときの仕訳が異なってきます。

　ひとまずこの章では、仕入れた商品のすべてを売り上げ、かつ、期首と期末の在庫がないという前提で、「仕入高＝売上原価」とします。商品の仕入時は「仕入高」に計上し、売上時は「売上高」に計上します。

「買掛金」

　「買掛金」は、商品や原材料など棚卸資産の購入代金の支払義務を記録する科目です。商品や原材料の購入については、発注日ではなく、通常は、「検収基準」で棚卸資産または仕入高に計上します。検収基準では、納入された物品を注文書控と照合して検品し、数量と品質の検収作業を終えた時点で買掛金に計上されることになります。

　その後、支払期日に買掛金を支払い消し込みます。買掛金の支払いには、現金支払い、小切手の振り出し、相手方の預金口座への振込み、支払手形の振り出し、手形の裏書きのほか、売掛金との相殺などがあります。手形振り出しや振込みを行なう際には、相手方から送付された合計請求書の金額と突合してから支払います。

「買掛金」と「未払金」の違い

　「未払金」とは、支払う義務を負っているが「未だ支払っていないお金」

で、ツケ買いを仕訳する負債科目です。ただ未払金は、棚卸資産以外の資産購入にかかる購入代金の未払いや諸経費の未払いを仕訳する科目です。

たとえば、有価証券や固定資産の購入代金が未払いであったり、カタログ制作費が未払いであるときには未払金で仕訳します。

有価証券や固定資産の引渡しを受けていれば、購入代金が未払いであっても、資産の増加とともに未払金を計上します。

また、諸費用の支払いが未払いであっても、役務提供を受けた部分については費用の発生とともに未払金を計上します。

商品や原材料などの棚卸資産の購入代金の未払いを記録する買掛金と、棚卸資産以外の資産購入代金や諸経費の未払いを記録する未払金は、明確に科目を区別します。

取引 掛け仕入と買掛金の支払い

①取扱商品150,000円を翌月末支払いの約束で仕入れた。

②上記①の買掛金150,000円を仕入先口座へ普通預金から振込んだ。

ヒント 「5つの箱」の中での増減をイメージする

左右の箱の高さは常に一致

仕訳にチャレンジ！ 減少した科目は反対側にプラスで記入

① 仕入高　　　　150,000　／　買掛金　　　　　150,000
② 買掛金　　　　150,000　／　普通預金　　　　150,000

3 支払手形

紙の手形と電子手形

　約束手形を振り出した場合は、その支払う義務（債務）は「支払手形」で仕訳します。支払手形とは、支払うことを約束した手形です。手形には、紙ベースでの手形に加えて電子手形があります。電子手形は、「電子記録債権法」に基づいた決済サービスであり、紙ベースの手形取引に代わり、「電子手形割引（都度・定期）」「電子手形譲渡」「期日決済」「分割割引・分割譲渡」などの債権取引をパソコンで行なうことができます。紙の手形は印紙税の課税文書ですが、電子手形には印紙税は課税されません。支払いのための電子手形の場合は「電子記録債務」で仕訳します。

貸借対照表での表示

　商品の仕入や買掛金の支払いなど、正常な営業活動のなかで振り出した支払手形は、支払期日の長短にかかわらず流動負債に計上します。支払手形のように、正常な営業活動の循環内にある負債科目を流動負債に表示するルールを「正常営業循環基準」といいます。

振り出した手形の決済

　約束手形は、受取人が銀行に取り立てに回すことで振出人の当座預金から引き落とされて決済されます。支払手形が期日に決済されることを「期日落ち」といい、支払手形（負債）が減少するとともに、当座預金（資産）も減少します。支払期日に、振出人の当座預金の残高不足や要件不備などの理由で手形が決済されないことを「不渡り」といいます。

　支払期日が金融機関の休日である場合、その翌営業日に決済されます。手形の支払期日である決算期末日が銀行休日に当たるときは、次のいずれ

かにより仕訳します。このような場合は、当座預金勘定調整表を作成して、銀行残高証明書と帳簿上の当座預金残高の差額を把握しておきます。

（1）満期日（期末日）に支払ったものとして処理する
（2）決済日（期末日の翌日）に引き落としの処理をする

また期末日が金融機関の休日に当たり、未決済の支払手形が多額にあるときは、金額と合わせてその旨を注記します。

取引 約束手形の振り出しと決済

①取扱商品500,000円を仕入れて約束手形を振り出した。
③上記手形が期日になり当座預金から引き落とされた。

ヒント「5つの箱」の中での増減をイメージする

「5つの箱」T/Bメソッド

左右の箱の高さは常に一致

仕訳にチャレンジ! 減少した科目は反対側にプラスで記入

① 仕入高　　　500,000　／　支払手形　　　500,000
② 支払手形　　500,000　／　当座預金　　　500,000

支払手形の顛末記録

　約束手形を振り出した後は、手形種類、手形番号、受取人、振出日、満期日、支払場所、金額、その後の顛末などを記録しておきます。手形の振り出し枚数が少ない会社は、手形現物のコピー裏面に顛末の記録を記入しておけば良いでしょう。

4 「仕入高」の減少

　仕入高を減少させる取引には、返品、値引き、割戻しがあります。その他、金融上の取引として仕入割引も見ておきましょう。

仕入返品

　「仕入返品」は仕入取引の取り消しです。納品された商品を相手先に戻したときに当初の仕入計上にかかる仕訳の逆仕訳を行ない取り消します。
　仕入高から控除する形で「仕入戻り高」に表示する場合もあります。

　取引　仕入れた商品の返品

　　仕入れた商品のうち、品違いであった商品15,000円を返品した。

　ヒント　「5つの箱」の中での増減をイメージする

「5つの箱」T/Bメソッド

左右の箱の高さは常に一致

　仕訳にチャレンジ！　減少した科目は反対側にプラスで記入

　　買掛金　　　　　15,000　／　仕入高　　　　　15,000

仕入値引

　「仕入値引」は、納品された商品等に傷や破損などがあり、仕入代金の一部をサービスされる（値段を引いてもらう）ことです。値引きを受けた

金額について、仕入高と買掛金の取り消しの仕訳を行ないます。仕入高の控除項目である仕入値引に仕訳することもあります。

取引 仕入にかかる値引き

仕入先から納品された商品250,000円の一部に破損があったため、仕入代金20,000円の値引きを受けた。

ヒント 「5つの箱」の中での増減をイメージする

「5つの箱」T/Bメソッド

左右の箱の高さは常に一致

仕訳にチャレンジ！ 減少した科目は反対側にプラスで記入

買掛金	20,000	仕入高	20,000
		（または仕入値引）	

仕入割戻し

「仕入割戻し」は、大量に商品を購入した仕入先から、仕入高または買掛金の支払いに対する一定割合を報償として受け取る金銭等をいいます。

仕入高の一定割合を金銭で戻してもらう取引であり、割戻しは、通称として、「リベート」と呼ばれます。

取引 仕入割戻し

当期中に大量に商品を購入した仕入先から報奨として、仕入割戻し10,000円が普通預金に振り込まれた。

ヒント 「5つの箱」の中での増減をイメージする

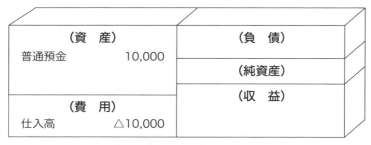

仕訳にチャレンジ！ 減少した科目は反対側にプラスで記入

　　普通預金　　　　　10,000　／　仕入高　　　　　　10,000

　仕入割戻しは、原則として、上記のように仕入高から直接控除しますが、仕入高から控除しないで、次のように「雑収入」（収益）に計上する方法もあります。

ヒント 「5つの箱」の中での増減をイメージする

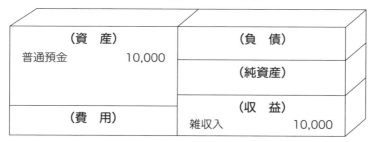

仕訳にチャレンジ！

　　普通預金　　　　　10,000　／　雑収入　　　　　　10,000

「仕入割引」は営業外収益

「仕入割引」とは、契約で定めた期日よりも早期に代金を支払ったことの報償として、仕入先から受け取る金銭等をいいます。仕入高の減少とはせず、金融上の収益として営業外収益に計上します。

取引 仕入割引

来月末支払いの約束であった買掛金500,000円につき、1か月早い当月末に支払うこととした。取引契約に基づき、仕入割引5,000円を差し引いた495,000円を小切手で支払った

ヒント 「5つの箱」の中での増減をイメージする

「5つの箱」T/Bメソッド

左右の箱の高さは常に一致

仕訳にチャレンジ！ 減少した科目は反対側にプラスで記入

買掛金	500,000	当座預金	495,000
		仕入割引	5,000

5 売上取引の流れ

売上高は「実現主義」で計上する

　売上高は、会社の定款所定の「目的」にある本来の事業活動を行なうことで実現した収益をいいます。売上高には、商品や製品の売上高のほか、サービス（役務）提供、手数料収入なども含まれます。

　売上高は「実現主義」により、商品の引渡しや役務提供が完了したものを計上します。そのため、商品の販売や役務の給付が実現しているならば、代金を回収していなくても売上高に計上する必要があります。

　また通常は、継続して取引のある得意先には、1か月分の売上代金の合計額を後で回収する信用取引となります。後で回収する約束で商品を売ることを「ツケ売り」または「掛け売り」といいます。掛け売りによる売上高を計上するため、売掛金または受取手形という勘定科目が登場します。

売上に関する取引の流れ

　現在、多くの企業で、受注管理・販売管理・在庫管理・債権管理等と会計処理を連携して管理する統合基幹業務システムの導入が増えています。統合基幹業務システムでは、販売部門の出荷入力により売上高に計上され、売掛金の管理もリアルタイムで行なえるなど経営の効率化が図られます。その一方で、すべてが自動的にシステム処理されるため、現場のしごとと会計処理のつながりが見えにくくなってしまいます。

　ここでは理解を深めるために、あえて販売業務に関する会計処理を手作業の仕訳入力で行なう前提のもとで、一般的な物品販売業での会計処理の流れ（1．売上計上の会計処理、→2．売上債権（受取手形および売掛金）の入金処理、→3．売上債権の管理）を見ておきましょう。

(1) 得意先から商品の注文を受ける（受注処理）

得意先から注文を受け、相手方の信用度合いを調査した後に、在庫の有無を確認して受注台帳に記録します。

(2) 得意先に商品を発送する

納期にあわせて出荷部門（倉庫）に対して商品の出荷指示を行ない、出荷部門では納品書・物品受領書とともに得意先に出荷します。

(3) 売上に関する伝票起票

出荷部門から回付される出荷報告書または、販売管理システムから出力される「売上一覧表」を基に売上伝票に起票します。

(4) 売上に関する帳簿記入（通常は、システムで自動的に処理される）

売上伝票に基づき得意先元帳、売上帳、総勘定元帳へ記帳します。

(5) 月末締切業務と請求書の発行

業績評価資料や請求一覧表の作成のために、売上高・売掛金等を月末（または締日）で締め切ります。1か月分の納品書をまとめて、得意先の請求締め日に合わせて請求書を発行します。請求書が複数枚あるときは、合計請求書を添付します。

(6) 入金の確認

得意先ごとに入金管理を行ない、請求金額と入金額の突き合わせをしたうえで、売掛金の消し込み作業をします。売掛金の回収には、預金への振り込みの他に、受取手形での回収、買掛金との相殺などがあります。

入金伝票を起票して、売掛金の入金を得意先元帳、総勘定元帳へ記帳します（通常は、システムで自動的に処理される）。

(7) 売上債権の管理

得意先別に売掛金残高を精査することにより赤残などの異常残高がないか定期的にチェックします。また、長期間にわたり未回収の売掛金がないかエイジング（発生年月日）による分析を行ないます。入金遅れがある得意先には、営業担当者をとおして連絡して、事情を確認します。値引きや返品、クレーム処理なども問題発生の原因となります。営業部と経理部は、得意先の経営状態の変化に関する情報を共有して、売上債権残高を相互にチェックしておきましょう。

6 売掛金

「売掛金」は本業でのツケ

商品や製品の代金を後で回収する約束で販売することを「ツケで売る」または「掛けで売る」といいます。商品、製品を掛けで売った場合の未回収の代金は「売掛金」（資産科目）に仕訳します。ツケ売りしたときに売掛金が増加し、回収したら売掛金を消し込みます。

取引 商品の掛け売り

①商品を翌月末回収の約束で500,000円で販売した。
②翌月末に売掛金が当座預金に振り込まれた。

ヒント 「5つの箱」の中での増減をイメージする

「5つの箱」T/Bメソッド

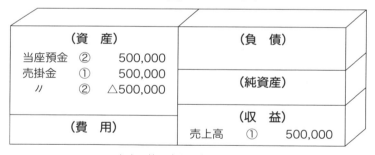

左右の箱の高さは常に一致

仕訳にチャレンジ！ 減少した科目は反対側にプラスで記入

① 売掛金　　　　500,000　／　売上高　　　　500,000
② 当座預金　　　500,000　／　売掛金　　　　500,000

注：資産グループは、貸借対照表での表示ルールである「流動性配列法」（流動性の高い科目を上に表示するルール）により、取引の順番ではなく当座預金を上に表示しています。

第3章 「掛け」による取引——第1ハードル

小売業での売上計上

身近なスーパーマーケットでの売上計上時期を考えてみましょう。

スーパーでは、生鮮品、食料品、生活雑貨などの多品種を大量に販売し、原則として、販売代金を現金等で回収する形態です。一般的に、顧客が自分で選んだ商品を買い物かごに入れてレジカウンターまで持ち込み、現金、電子マネー、クレジットカード等で支払い、顧客自らが買い物袋に詰めて持ち帰るスタイルです。このようなスーパーマーケット業では、顧客への商品の引渡しと対価の成立（現金売上またはクレジットカード・電子マネー等でのツケ売上）の2つの要件を満たした時点で売上計上します。

具体的には、顧客が持ち込んだ商品をPOSレジを通して、商品を顧客に引き渡した時点で売上高に計上されます。

取引 スーパーでの売上計上

スーパー店頭で商品20,000円を現金販売し、POSレジを通した。

ヒント 「5つの箱」の中での増減をイメージする

「5つの箱」T/Bメソッド

左右の箱の高さは常に一致

仕訳にチャレンジ！

現　金　　　　20,000　／　売上高　　　　20,000

注：電子マネー、クレジットカードによる販売の場合は「売掛金／売上高」で仕訳します。

サービス業での売上計上

人的役務の提供による事業、サービス業では、それら人的役務の提供を完了した日に売上高に計上します。

> **取引** 人的役務の提供
>
> 得意先から受託したイベント運営事業180,000円が無事終了した。
>
> **ヒント** 「5つの箱」の中での増減をイメージする

「5つの箱」T/Bメソッド

左右の箱の高さは常に一致

仕訳にチャレンジ！

売掛金　　　　　180,000　／　売上高　　　　　180,000

「売掛金」と「未収入金」の違い

「未収入金」とは、「未だ収入していないお金」で、代金を回収していないツケを仕訳する資産科目です。ただ未収入金は、棚卸資産以外の資産売却にかかる代金の未収分を記録する科目です。たとえば、会社が所有する土地や株式を翌月末払いの約束で売ったり、本業以外の家賃収入が未収である場合には、未収入金で仕訳します。

棚卸資産の販売による未収分の売掛金と、棚卸資産以外の資産売却代金の未収を記録する未収入金は明確に科目を区別して仕訳します。

第3章 「掛け」による取引——第1ハードル

7 受取手形

手形受取時の会計処理

約束手形の回収時には、「受取手形」（電子化された手形の場合は「電子記録債権」）という債権（回収する権利）の増加を記録します。

取引 手形による売掛金の回収

売掛金500,000円の回収期日に約束手形を受け取った。

ヒント 「5つの箱」の中での増減をイメージする

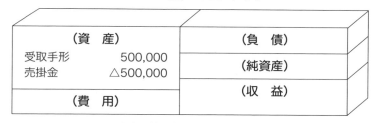

「5つの箱」T/Bメソッド

（資　産）	（負　債）
受取手形　　　500,000 売掛金　　　△500,000	（純資産）
（費　用）	（収　益）

左右の箱の高さは常に一致

仕訳にチャレンジ！ 減少した科目は反対側にプラスで記入

　受取手形　　　500,000　／　売掛金　　　　500,000

受け取った手形の資金化

受け取った手形の資金化には、(1)手形の決済（期日落ち）、(2)手形の割引、(3)手形の裏書、という3つの方法があります。

(1)「手形の期日落ち」とは、受取手形の支払期日が到来し、資金化することです。支払期日において、振出人の資金不足や要件不備などの理由で決済されないことを、「手形が不渡りとなった」といいます。

(2)「手形の割引」とは、手形の所持人が満期前に資金化するために、手

形上の債権を金融機関などに譲渡することです。手形割引日から支払期日までの期間の利息相当額は、「手形売却損」（電子化された手形の場合は「電子記録債権売却損」）として営業外費用に計上します。

(3)「手形の裏書」とは、手形の所持人が、満期前に、手形上の債権を第三者に譲渡することです。受け取った手形の裏面に記名押印のうえ、商品仕入代金の支払いなどに回すので裏書といいます。

取引 受け取った手形の資金化

① 期日落ち … 取引銀行に取立を依頼していた受取手形500,000円につき当座預金への入金通知を受けた。
② 割引 … 銀行で500,000円の手形を期日前に割引き、割引料2,000円が差し引かれた残額が当座預金に振り込まれた。
③ 裏書 … 受取手形500,000円を裏書きして、仕入先に対する買掛金の支払いに回した。

ヒント「5つの箱」の中での増減をイメージする

「5つの箱」T/Bメソッド

（資　産）			（負　債）		
当座預金	①	500,000	買掛金	③	△500,000
〃	②	498,000	（純資産）		
受取手形	①	△500,000			
〃	②	△500,000			
〃	③	△500,000	（収　益）		
（費　用）					
手形売却損②		2,000			

左右の箱の高さは常に一致

仕訳にチャレンジ！ 減少した科目は反対側にプラスで記入

①	当座預金	500,000	／	受取手形	500,000
②	当座預金	498,000	／	受取手形	500,000
	手形売却損	2,000			
③	買掛金	500,000	／	受取手形	500,000

第3章 「掛け」による取引――第1ハードル

8 「売上高」の減少

売上高を減少させる取引には、返品、値引、割戻しがあります。この他、金融取引としての売上割引も見ておきましょう。

売上返品

「売上返品」とは、売上取引の取り消しであり、納品した商品が手許に戻ってきます。返品が起こったときに、当初の売上計上にかかる仕訳を取り消します。売上高から控除する形で「売上戻し高」に表示する場合もあります。

取引 売上返品

得意先に掛け売りで出荷した商品150,000円のうち、品違いの一部商品10,000円が返品されてきた。

ヒント 「5つの箱」の中での増減をイメージする

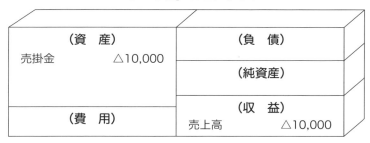

「5つの箱」T/Bメソッド

左右の箱の高さは常に一致

仕訳にチャレンジ! 減少した科目は反対側にプラスで記入

| 売上高 | 10,000 | / | 売掛金 | 10,000 |

売上値引

「売上値引」は納品した商品に傷などがあり、代金の一部をサービス（値段を引く）することです。値引きにかかる金額を売上高から減少させます。売上高から控除する形で「売上値引」に表示する場合もあります。

取引 売上値引

得意先に掛け売りで出荷した商品250,000円の一部に破損があり、販売代金の一部20,000円の値引きをした。

ヒント 「5つの箱」の中での増減をイメージする

「5つの箱」T/Bメソッド

左右の箱の高さは常に一致

仕訳にチャレンジ！ 減少した科目は反対側にプラスで記入

売上高　　　　　20,000　／　売掛金　　　　　20,000

販促活動としての「売上割戻し」

「売上割戻し」とは、大量に商品を購入してくれた顧客または回収に協力的な事業者に対して、売上高または売上債権の回収に対する一定割合を報償として支払う金銭等（リベート）をいいます。

売上割戻しは「売上の一定割合を金銭等で戻す」ことですから、値引きと同様の性質を持っています。そのため原則として、売上高から直接差し引きますが、販売促進費の発生とみて費用に計上する会計処理もあります。

|取引| 売上割戻し

商品購入金額が1,000,000円である得意先に対して、売上割戻しの基準により、0.5%相当額の現金を交付した。

|ヒント| 「5つの箱」の中での増減をイメージする

「5つの箱」T/Bメソッド

左右の箱の高さは常に一致

|仕訳にチャレンジ！| 減少した科目は反対側にプラスで記入

売上高　　　　　　5,000　／　現　金　　　　　　5,000
（または販売促進費）

金融上の費用である「売上割引」

「売上割引」とは、契約で定めた期日よりも早期に代金を支払った顧客に対する報償としての支払いです。売上割引は、利息に相当する金銭等の支払いであり、売上取引の減少とはせず金融上の費用として処理します。売上割引は、損益計算書の営業外費用に表示します。

|取引| 売上割引

翌月末回収の約束の売掛金を1か月早く支払ってくれた得意先に報奨金10,000円を普通預金から振り込んだ。

ヒント 「5つの箱」の中での増減をイメージする

左右の箱の高さは常に一致

仕訳にチャレンジ！ 減少した科目は反対側にプラスで記入

売上割引　　　　　10,000　／　普通預金　　　　　10,000

COLUMN

「売上割戻し」の損金算入時期

（1）販売価額または販売数量により算定されており、かつ、算定基準が相手方に明示されている売上割戻し
　　…原則として、販売日の属する事業年度（ただし、継続適用を条件に通知日または支払日に損金算入が可能）

（2）上記（1）以外の算定基準が明示されていない売上割戻しや、売掛金の回収割合を加味する売上割戻し
　　…原則として、通知日または支払日の属する事業年度（ただし、売上割戻しの内部基準があれば確定申告書提出期限までの通知で未払計上による損金算入が可能）

注：費用および損失を、税務では「損金」といいます。

第4章

「棚卸資産」と「売上原価」
——第2ハードル

1. 売上高と売上原価は対応させなければなりません
2. 「売上原価」とは売上計上した商品・製品の原価です
3. 「当期製品製造原価」とは完成した製品の製造原価です

「5つの箱」T/Bメソッド

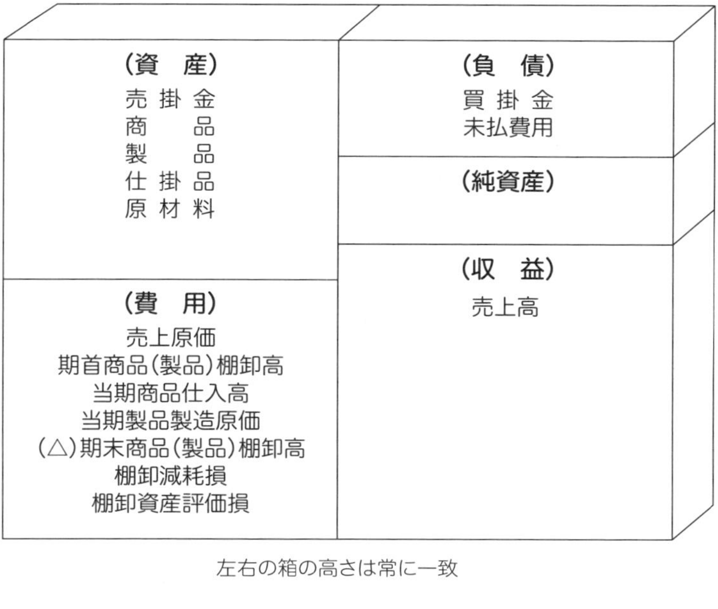

(資　産)	(負　債)
売　掛　金 商　　　品 製　　　品 仕　掛　品 原　材　料	買　掛　金 未　払　費　用
	(純資産)
(費　用) 売上原価 期首商品(製品)棚卸高 当期商品仕入高 当期製品製造原価 (△)期末商品(製品)棚卸高 棚卸減耗損 棚卸資産評価損	(収　益) 売上高

左右の箱の高さは常に一致

1 仕入れた商品がすべて売れた！

　これまで、売上原価の会計処理には「継続記録法」と「棚卸計算法」の2つがあることを解説してきました。いずれの会計処理を採用しているかで、商品を仕入れてから売れるまで、あるいは、仕入れた商品が売れ残ったときの仕訳が異なってきます。3つの前提条件に分けて、①商品仕入時、②売上時、③在庫計上に関する仕訳を比較してみましょう。

　どちらの会計処理であっても売上原価は売上計上した商品の原価です。

　まずは「売り切れゴメン！」で、当期中に仕入れた商品のすべてが売れ、かつ、期首も期末も在庫なしという前提条件で仕訳してみましょう。

```
前提条件（1）
1．前期繰越商品（期首商品棚卸高）　　　　0円
2．当期末の商品（期末商品棚卸高）　　　　0円
3．当期商品仕入高　　　　　　　　　　150,000円（掛け仕入）
4．当期中の売上高　　　　　　　　　　300,000円（掛け売り）
```

「継続記録法」での仕訳

ヒント　「5つの箱」の中での増減をイメージする

「5つの箱」T/Bメソッド

左右の箱の高さは常に一致

第4章 「棚卸資産」と「売上原価」──第2ハードル

仕訳にチャレンジ！ 減少した科目は反対側にプラスで記入

① 商　品　　　　150,000　／　買掛金　　　　150,000
② 売掛金　　　　300,000　／　売上高　　　　300,000
　 売上原価　　　150,000　／　商　品　　　　150,000
③ 仕訳なし

「棚卸計算法」での仕訳

ヒント 「5つの箱」の中での増減をイメージする

「5つの箱」T/Bメソッド

左右の箱の高さは常に一致

仕訳にチャレンジ！

① 仕入高　　　　150,000　／　買掛金　　　　150,000
② 売掛金　　　　300,000　／　売上高　　　　300,000
③ 仕訳なし

「継続記録法」と「棚卸計算法」の違い

　仕入れた商品のすべてが売れた場合には、「仕入高＝売上原価」なので、継続記録法と棚卸計算法のいずれの方法でも商品での儲け（売上総利益）150,000円をすぐに把握できます。

2 仕入れた商品の一部が売れ残った

続いては、期首の在庫はゼロ、当期に仕入れた商品の一部が売れ残り、期末の在庫があるという前提条件で、①商品仕入時、②売上時、③在庫計上に関する仕訳を比較してみましょう。

前提条件（2）	
1．前期繰越商品（期首商品棚卸高）	0円
2．当期末の商品（期末商品棚卸高）	20,000円
3．当期商品仕入高	150,000円（掛け仕入）
4．当期中の売上高	300,000円（掛け売り、原価は130,000円）

「継続記録法」での仕訳

ヒント　「5つの箱」の中での増減をイメージする

「5つの箱」T/Bメソッド

（資　産）			（負　債）	
売掛金	②	300,000	買掛金　①	150,000
商　品	①	150,000	**（純資産）**	
〃	②	△130,000		
（費　用）			**（収　益）**	
売上原価	②	130,000	売上高　②	300,000

左右の箱の高さは常に一致

仕訳にチャレンジ！ 減少した科目は反対側にプラスで記入

① 商　品　　　　150,000　／　買掛金　　　　150,000
② 売掛金　　　　300,000　／　売上高　　　　300,000
　　売上原価　　130,000　／　商　品　　　　130,000
③ 仕訳なし

「棚卸計算法」での仕訳

ヒント 「5つの箱」の中での増減をイメージする

「5つの箱」T/Bメソッド

左右の箱の高さは常に一致

仕訳にチャレンジ！ 減少した科目は反対側にプラスで記入

① 仕入高	150,000	/	買掛金	150,000
② 売掛金	300,000	/	売上高	300,000
③ 商　品	20,000	/	期末商品棚卸高	20,000

　期末商品棚卸高は売上原価の1項目であり、費用科目です。棚卸計算法では、「仕入高－期末商品棚卸高」の計算結果により、売上原価（130,000）を把握できます。

「継続記録法」と「棚卸計算法」の違い

　上記の仕訳を比較すると、「継続記録法」のほうが業績管理面で優れていることがわかります。継続記録法では、仕入れた商品のうち出荷した分、在庫分を個別に管理しているので、リアルタイムに帳簿上の在庫残高が把握できます。また売れる都度、売上高に計上するとともに、商品から売上原価に振り替えるので、商品での儲け（売上総利益）を迅速に把握できるメリットがあります。

　一方、「棚卸計算法」では、期中に費用処理した仕入高のうち、売れ残

った期末在庫を費用からマイナスするという在庫調整の仕訳を期末に入力しなければ、売上総利益を計算できません。

売上原価のボックス

前提条件（1）のように仕入れた商品がすべて売れて在庫なしの場合は、仕入高＝売上原価となりました。前提条件（2）のように、仕入れた商品のうち一部が売れ残った場合には、売れた商品の仕入原価は売上原価に計上され、売れ残った期末在庫分は商品に計上されることになります。

前提条件（1）　仕入高＝売上原価

前提条件（2）　仕入高－期末在庫＝売上原価

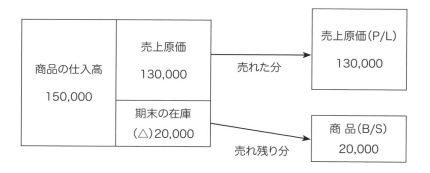

実地棚卸は必要

なお、継続記録法を採用している場合、何もなければ在庫に関する仕訳は不要ですが、期末には、実地棚卸を行ない、現物の在庫と帳簿上の在庫の数量を突き合わせ、在庫評価の見直しが通常必要となります。

第4章 「棚卸資産」と「売上原価」——第2ハードル

3 期首も期末も在庫あり

　最後に、期首も在庫あり、当期に仕入れた商品の一部が売れ残り、期末も在庫があるという前提条件で、①商品仕入時、②売上時、③在庫計上に関する仕訳を比較してみましょう。

```
前提条件（3）
1．前期繰越商品（期首商品棚卸高）　30,000円
2．当期末の商品（期末商品棚卸高）　40,000円
3．当期商品仕入高　150,000円（掛け仕入）
4．当期中の売上高　300,000円（掛け売り、原価は140,000円）
```

「継続記録法」での仕訳

ヒント　「5つの箱」の中での増減をイメージする

「5つの箱」T/Bメソッド

（資　産）			（負　債）		
売掛金	②	300,000	買掛金	①	150,000
商品（繰越）		**30,000**			
商　品	①	150,000	（純資産）		
〃	②	△140,000			
			（収　益）		
（費　用）			売上高	②	300,000
売上原価	②	140,000			

商品（繰越）を除き、左右の箱の高さは常に一致

仕訳にチャレンジ！　減少した科目は反対側にプラスで記入

① 商　品　　　150,000　／　買掛金　　　150,000
② 売掛金　　　300,000　／　売上高　　　300,000
　 売上原価　　140,000　／　商　品　　　140,000
③ 仕訳なし

注：ただし実施棚卸の結果により、棚卸減耗損、評価損などの修正仕訳が必要な場合もある。

「棚卸計算法」での仕訳

ヒント 「5つの箱」の中での増減をイメージする

「5つの箱」T/Bメソッド

商品(繰越)を除き、左右の箱の高さは常に一致

仕訳にチャレンジ！ 減少した科目は反対側にプラスで記入

① 仕入高	150,000 / 買掛金	150,000
② 売掛金	300,000 / 売上高	300,000
③ 期首商品棚卸高	30,000 / 商　品	30,000
商　品	40,000 / 期末商品棚卸高	40,000

　期首商品棚卸高および期末商品棚卸高は売上原価の1項目であり、いずれも費用科目です。棚卸計算法では、「期首商品棚卸高＋仕入高－期末商品棚卸高」の計算結果により、売上原価（140,000）を把握できます。

「継続記録法」と「棚卸計算法」の違い

　期首と期末のいずれにも在庫がある場合も、継続記録法では、売れる都度、売上高に計上するとともに、商品から売上原価に振り替えるので、商品での儲け（売上総利益）を迅速に把握できます。

　一方、「棚卸計算法」では、期中に費用処理した仕入高に加えて期首在

庫は売れたとみなすとともに、期末在庫は売れ残ったとみなすという期首と期末の在庫調整の仕訳を入力しなければ、売上原価を計算できません。

前提条件（3）

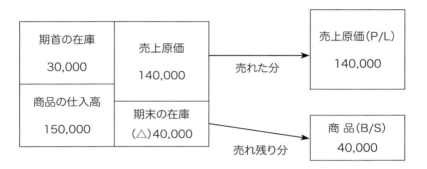

実地棚卸は必要

なお、継続記録法による場合も期末実地棚卸は行ない、現物の在庫と帳簿上の在庫の数量の突き合わせ、実地在庫への修正の処理が必要です。

たとえば、棚卸資産の実地棚卸作業で帳簿の数量より実際の数量が少ないことが明らかになり、その原因が不明の場合は、実際の数量に合わせる形で差額を「棚卸減耗損」に計上します。棚卸減耗損は、原価性がある場合は売上原価に含め、原価性がない場合は営業外費用または特別損失に計上します。

また、帳簿価額よりも現物の在庫評価額が下がっている場合は、「評価損」の計上など修正仕訳が必要となります。

4 「棚卸資産」の期末評価

棚卸資産の評価額

　棚卸資産とは、棚から卸して、「数」と「品質」をチェックすべき商売の基本となる資産をグループにして呼ぶ名称です。卸小売業では商品、製造業は製品・仕掛品・原材料、建設業は未成工事支出金という業種ごとの具体的な科目で記録します。

　棚卸資産の評価額は、「単価」×「数量」により計算されます。

　このうち「数量」に関しては、帳簿での受払記録に加えて、期末日における実地棚卸による確認が必要です。「単価」の評価方法には取得原価で評価する「原価法」と、資産の種類等の異なるごとに期末時点での時価と取得原価とのいずれか低いほうで評価する「低価法」があります。

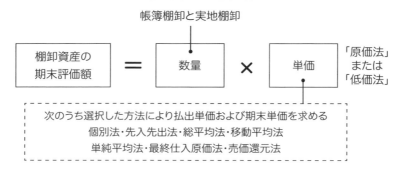

棚卸資産の期末評価

棚卸資産の期末評価額 ＝ 数量（帳簿棚卸と実地棚卸） × 単価（「原価法」または「低価法」）

次のうち選択した方法により払出単価および期末単価を求める
個別法・先入先出法・総平均法・移動平均法
単純平均法・最終仕入原価法・売価還元法

企業会計の基本は低価法

　「棚卸資産の評価に関する会計基準」では、通常の販売目的（販売するための製造目的を含む）で保有する棚卸資産の期末時価（期末日にいくら

で売れるかという「正味売却価額」）が取得原価よりも下落している場合には、時価をもって評価する、いわゆる低価法が原則です。「正味売却価額」とは、売価（購買市場と売却市場とが区別される場合における売却市場の時価）から見積追加製造原価および見積販売直接経費を控除したものをいいます。この場合の評価損の額（取得価額と正味売却価額との差額）は当期の売上原価として処理します。

製造業における原材料等のように「再調達原価」の方が把握しやすく、正味売却価額がその再調達原価（期末日にいくらで取得できるかの時価）に歩調を合わせて動くと想定される場合には、継続適用を条件として、再調達原価（最終仕入原価を含む）によることができます。再調達原価とは、購買市場の時価に購入に付随する費用を加算したものをいいます。

法人税法は選択制

法人税法は、事業の種類ごとに、かつ、棚卸資産の区分ごとに、取得価額で評価する「原価法」と、資産の種類等の異なるごとに期末時価（正味売却価額）と取得原価の低いほうで評価する「低価法」のいずれかを選択できます。評価方法を選択しない場合には「最終仕入原価法（期末に最も近い時点の仕入原価）による原価法」により評価します。

価値の下がった在庫を取得原価のまま評価すると売上原価が過少に計上されます。その分、売上総利益は過大に計上され、実態のない見せかけの利益に無駄な税金を支払う原因ともなります。低価法を選択して期末時価で評価することは保守的で望ましいといえます。

なお、棚卸資産の評価方法を変更する場合には、変更しようとする事業年度開始の日の前日、つまり前期末までに、税務署長へ変更承認申請書を提出して承認を得る必要があります。ただし、一度選択した棚卸資産の評価方法は、おおむね3年間は継続して適用する必要があります。

5 売上原価　〜卸・小売業〜

売上原価は売れた商品の原価

　会計上の収益である売上高と、費用である仕入高は直接的に対応させ、期首在庫と期中に仕入れた商品のうち、売上計上した商品の仕入原価を「売上原価」に計上し、売れ残った商品の仕入原価は商品に計上します。

売上原価の会計処理

　「継続記録法」では、商品を仕入れたときに「商品」へ記録し、売れるつど商品から「売上原価」に振り替えます。受発注・在庫管理システムが充分に整備されていれば可能な方法であり、高額商品には向いています。

　「棚卸計算法」では、商品を仕入れるときは「仕入高」に計上しておき、当期商品仕入高に期首と期末の売れ残り商品（在庫）の調整を行なうことで売上原価を確定します。一般的に、物品販売業では、毎日、多種多様の商品を仕入れて売っています。仕入時に商品へ計上しておき、販売のつど、商品の仕入価格を調べて、商品から売上原価に振り替える処理が困難である場合は、簡便的な「棚卸計算法」の採用も見受けられます。

売上原価は商品倉庫から出荷した商品

　いずれの会計処理を採用していても、売上原価とは売れた商品の原価であり、卸売業の商品倉庫イメージでわかりやすく考えると、商品倉庫から出荷できた商品の原価が「売上原価」となります。

　この場合、期首の売れ残り商品（期首商品棚卸高）と当期中の仕入商品（当期商品仕入高）は、倉庫から払い出したとみなすとともに、当期末の売れ残り商品（期末商品棚卸高）は、再び、倉庫に戻ってきたと考えます。

　結果として、「売上原価＝期首商品棚卸高＋当期商品仕入高－期末商品

棚卸高」の計算結果で売上原価が確定します。そして、「売上総利益＝売上高－売上原価」の算式により、商品の販売による売上総利益を捉えることができます。商品販売による儲けである売上総利益を、さまざまな諸費用を差し引く前の「粗っぽい利益」という意味で「粗利(あらり)」とも言います。売上総利益が利益の大本であり、物品販売業ではとても大切な利益です。

「売上原価」と「売上総利益」の計算方法

		売れた(倉庫から払い出した)とみなす		再び倉庫に戻った
売上原価	＝	期首商品棚卸高 ＋ 当期商品仕入高	－	期末商品棚卸高
140,000	＝	30,000 ＋ 150,000	－	40,000
売上総利益(粗利)	＝	売上高 － 売上原価		
160,000	＝	300,000 － 140,000		

「T/B」での表示

　期首と期末の在庫を調整して、売上原価と売上総利益が確定したあとで、T/B(残高試算表)に表示される金額は次のとおりです。なお売上原価は、計算結果のみ1行で損益計算書にて報告する表示形式が一般的です。

「5つの箱」T/Bメソッド

(資　産)		(負　債)	
売掛金	300,000	買掛金	150,000
商品(繰越)	**30,000**	(純資産)	
〃	△30,000		
商　品	40,000	(収　益)	
(費　用)		売上高	300,000
(売上原価	140,000)		
期首商品棚卸高	30,000		
仕入高	150,000		
期末商品棚卸高	△40,000		

商品(繰越)を除き、左右の箱の高さは常に一致

6 売上原価 ～製造業～

売上原価は売れた製品の原価

　製造業における売上原価は、売上計上した製品の製造原価を意味します。製造業においても「売上高」と「製造原価」は対応させる必要があり、売上計上した製品に対応する製造原価のみが売上原価として費用計上されます。製造業における売上原価とは、製造過程のすべてを終了した完成製品のうち、「製品倉庫から出荷した製品」に対応する原価だと考えてください。

　自社の工場で製品を製造する製造業の場合には、工場での製造工程を終えた完成製品が製品倉庫に届けられ、製品倉庫からお客さまへ製品が出荷されます。そのため製造業は、製品を製造するための原価の明細書として「製造原価報告書」（Cost Report、略してC/R）を作成します。製品を製造するために工場で発生する材料費、労務費、経費などのコストは費目別に集計され、製造原価報告書へも内容別に区分表示します。

製造原価は「工場」をイメージ

　製造業の売上原価を理解するためには、工場で製品を製造する工程での製造費用、完成した製品が工場から製品倉庫に届けられる過程、製品倉庫における製品の保管と出荷の流れでイメージしてください。

　材料費のうち製品の製造費用を構成するのは、当期中に消費した材料代のみです。そこで、期首において保有していた材料と当期中の材料仕入高の合計額から、期末において保有する材料を差し引くことにより、製品を製造するための材料費を計算します。労務費は、製品を製造するために工場で働く従業員への賃金・賞与や法定福利費などの人に関する費用です。これらの材料費、労務費のほか、工場内での諸経費や外注加工費などの集

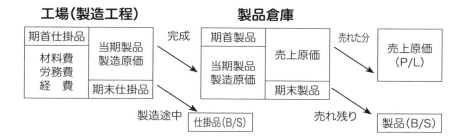

計額である「総製造費用」が当期中の製品製造に要した費用の総額です。総製造費用から製造途中または加工中でまだ完成していない「仕掛品」にかかる製造費用を除くことで、「当期製品製造原価」が計算されます。当期製品製造原価とは、完成した製品にかかる製造費用を意味します。

一般的には、あらかじめ決めた「社内仕切価格」または「標準原価」にて当期製品製造原価に振り替え、決算のときに実際原価との差額である「原価差額」を調整する方法がとられています。

工場から製品倉庫に届けられた完成製品の製造に要した費用である当期製品製造原価に期首の製品をプラスし、期末の製品をマイナスした金額が、出荷した製品の「売上原価」として費用に計上されます。

結果として、製造業での売上原価は「期首製品棚卸高＋当期製品製造原価－期末製品棚卸高」により計算されます。

「T/B」での表示

次の前提条件のもと、製造業での売上原価の表示を「T/Bメソッド」で整理してみましょう。

```
          前提条件　（単位：千円）
1．期首棚卸資産　原材料　300／仕掛品　300／製品　600
2．期末棚卸資産　原材料　400／仕掛品　600／製品　800
3．当期製造勘定　原材料の仕入高（買掛金）      3,700
              労務費（未払費用）            2,100
              経費（未払費用）              1,200
4．当期中の売上高    9,000（掛け売り）
```

「5つの箱」T/Bメソッド

(千円)

(資　産)		(負　債)	
売掛金	9,000	買掛金	3,700
期首棚卸資産（繰越）	**1,200**	未払費用	3,300
〃	△1,200		
原材料	400	(純資産)	
仕掛品	600		
製　品	800		

(費　用)		(収　益)	
(売上原価	6,400)	売上高	9,000
期首製品棚卸高	600		
当期製品製造原価	6,600		
期末製品棚卸高	△800		

期首棚卸資産(繰越)を除き、左右の箱の高さは常に一致

製造原価報告書　　(千円)

材料費		
期首材料棚卸高	300	
当期材料仕入高	3,700	
期末材料棚卸高	△400	3,600
労務費		2,100
経費		1,200
期首仕掛品棚卸高		300
期末仕掛品棚卸高		△600
当期製品製造原価		6,600

工場で完成した製品の製造原価 → 当期製品製造原価

第5章

「振替取引」と「内部仕訳」
——第3ハードル

1. 費用性資産は減価償却費をとおして費用化されます
2. 「発生主義」により未収・未払・前受・前払を計上します
3. 会計は保守的に引当金を計上しますが税務は否定的です

「5つの箱」T/Bメソッド

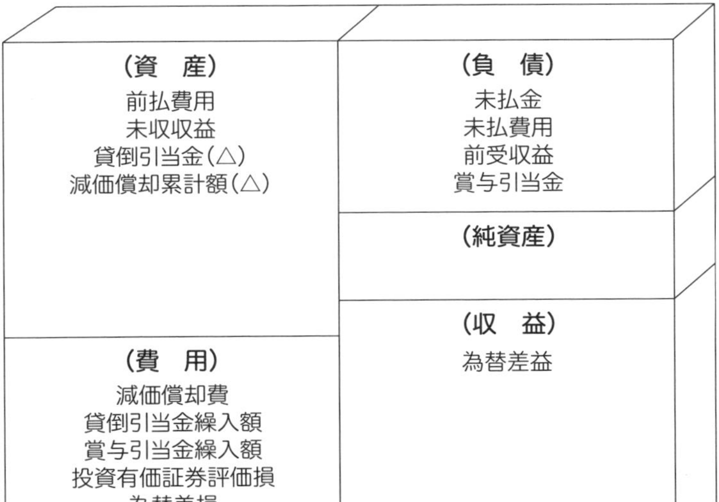

(資 産)	(負 債)
前払費用 未収収益 貸倒引当金(△) 減価償却累計額(△)	未払金 未払費用 前受収益 賞与引当金
	(純資産)
(費 用) 減価償却費 貸倒引当金繰入額 賞与引当金繰入額 投資有価証券評価損 為替差損	(収 益) 為替差益

左右の箱の高さは常に一致

(注1) 振替取引……現預金の増減を伴わない取引
(注2) 内部仕訳……社外との取引ではなく、減価償却費の計上など会社内部での仕訳

1 減価償却費

減価した部分の費用化

　減価償却費は、「価値が減少する部分を償い却す費用」と書くとおり、減価償却資産の取得価額のうち減価部分を、費用計上（償却）するとともに、資産価値を減少させるものです。

　少額資産の特例を受けない減価償却資産は、購入時に資産計上し、その後、耐用年数にわたり「減価償却費」を計上することで、取得価額のうち価値低下部分が収益獲得に貢献する期間にわたり徐々に費用化されます。減価償却費の仕訳には、固定資産の取得価額を直接減額する方法と、資産の控除項目である減価償却累計額に間接的に計上する方法があります。

「5つの箱」T/Bメソッド

左右の箱の高さは常に一致

減価償却費の計算方法

　減価償却費の代表的な計算方法には「定額法」と「定率法」があります。
　定額法は、償却費が「毎期同額」となるように、取得価額に耐用年数に応じた償却率（1／耐用年数）を掛けて償却限度額を計算する方法です。

第5章 「振替取引」と「内部仕訳」──第3ハードル

　一方、定率法は、毎期一定の割合で償却費が逓減するように、耐用年数に応じた一定の償却率により償却計算する方法です。

　いずれも、その資産を事業のために使用した月数（1か月未満の端数は切り上げ）に対応する部分の減価償却費のみが損金に算入されます。また法人税の計算において損金算入される金額は、減価償却限度額の1円未満の端数を切り捨てた金額となります。

耐用年数

　減価償却資産の耐用年数とは、資産が「用いるに耐える年数」を意味し、いわば、各資産の寿命です。耐用年数は、資産の種類および細目ごとに、「耐用年数省令（財務省）」において詳しく定められています。

　国（財務省）は、課税の公平を保つために、同じ資産を同じ目的で使用するならば、どの会社も同じ耐用年数で減価償却費を計算するべきだと考えています。減価償却費の計算で使用する「率」は、耐用年数に応じて、数学的に決まり「償却率表」に掲載されています。

|取引| 減価償却費の計上（直接減額法）

　事業に使用している車両運搬具について、減価償却費200,000円を直接法（減価償却資産の取得価額を直接減額する方法）にて計上した。

|ヒント| 「5つの箱」の中での増減をイメージする

「5つの箱」T/Bメソッド

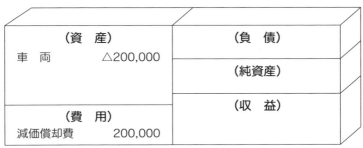

左右の箱の高さは常に一致

仕訳にチャレンジ！ 減少した科目は反対側にプラスで記入

　　減価償却費　　　　200,000　／　車　両　　　　　200,000

取引 減価償却費の計上（間接法）

事業に使用している機械及び装置（取得価額3,000,000円）について、減価償却費500,000円を間接法（減価償却資産の取得価額を減額せず資産の控除項目である減価償却累計額に計上する方法）にて計上した。

ヒント「5つの箱」の中での増減をイメージする

「5つの箱」T/Bメソッド

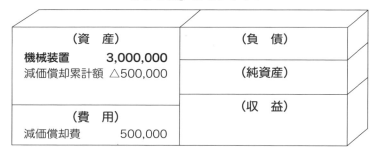

機械装置を除き、左右の箱の高さは常に一致

仕訳にチャレンジ！ 減少した科目は反対側にプラスで記入

　　減価償却費　　　　500,000　／　減価償却累計額　　500,000

第5章 「振替取引」と「内部仕訳」——第3ハードル

将来の費用と損失に備える「引当金」

「引当金」とは

「引当金」とは、将来の費用または損失を見積り計上し、その発生に備えて引き当てた負債科目または資産の控除項目をいいます。たとえば、「貸倒引当金」「賞与引当金」「返品調整引当金」などがあります。引当金は、将来発生する可能性の高い費用または損失への支払準備として引き当てている金額という意味です。引当金に相当する額の「お金」が積み立てられているわけではないので注意してください。

貸借対照表では、貸倒引当金は資産から控除する形にて表示し、1年以

貸借対照表での「引当金」の表示

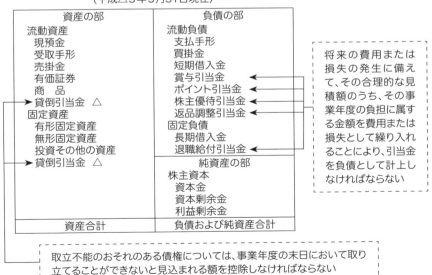

123

内に使用する見込みの賞与引当金や返品調整引当金などは流動負債に、1年を超えて使用される見込みの退職給付引当金は固定負債に表示します。

「引当金」が計上される理由

たとえば、商品を売掛金や手形などのツケで売ることは、焦げ付くことで回収できない「貸倒れ」リスクを伴います。販売する棚卸資産について、販売価格による買戻し特約を結んでいる業界は、常にその特約による返品損失が発生します。就業規則に賞与の支給基準を明記している場合には、支給すべき賞与の額は、会社にとって将来の支払義務（負債）となります。

当期の経営活動のなかで、引当金を計上すべき原因がすでに発生している場合には、将来の費用または損失のうち当期に負担すべき部分の金額を費用計上する（引当金に繰り入れる）必要があります。引当金に繰り入れることで将来の費用または損失への準備をし、その後、実際に費用または損失が発生したときは、準備している引当金を取り崩します。引当金を取り崩す会計処理を行なうため、その将来の期の業績には悪影響を与えません。

会計上「引当金」を計上すべき4つの条件

このように企業会計では、将来の財政状態に不利な影響を及ぼす可能性のある項目を先取りして引当金に繰り入れ、適切に決算書へ反映させる保守的な会計処理を要請しています。もちろん、発生の可能性が低い費用や損失に対して引当金を繰り入れることは、認められません。基本的に、①将来の特定の費用または損失である、②その発生が当期以前の事象に起因している、③その発生の可能性が高い、④その金額を合理的に見積もることができる、という4つの条件を満たすときに引当金を計上します。

焦げ付きリスクに備える「貸倒引当金」

売掛金、受取手形、貸付金などの金銭債権（金銭で回収する権利）は、相手の資金繰り状況により回収できないリスクを負います。お金を貸した

相手が倒産してしまい、回収できず焦げ付くことを「貸倒れ」といいます。

「貸倒引当金」は、金銭債権の残高に対する回収できない見込額として貸倒リスクに引き当てている金額です。実際に焦げ付きが発生したときは、会社の財産状況にマイナスの影響を与えますので、貸倒引当金はマイナスの財産つまり資産の控除項目として表示します。金銭債権の価値を下げる引当金なので、「評価性引当金」と呼ばれます。

会計基準では、金銭債権について「取立不能のおそれがある」場合には、その取立不能見込額を貸倒引当金に計上します。取立不能のおそれがあるかどうかは、債務者の財政状態および経営成績、取立のための費用、手続きの困難さ等を総合して勘案し、社会通念に従って判断します。

具体的には、貸倒見積高の算定に当たり、債務者の財政状態および経営成績等に応じて「一般債権」「貸倒懸念債権」「破産更生債権等」の3つに債権を区分し、債権の区分ごとに貸倒引当金の繰入と取崩しを行ないます。

「一般債権」とは、経営状態に重大な問題が生じていない債務者への債権です。「貸倒懸念債権」は経営破綻の状態には至っていないが、債務の弁済に重大な問題が生じているか、または生じる可能性の高い債務者への債権です。「破産更生債権」は経営破綻または実質的に経営破綻に陥っている債務者への債権をいいます。

貸倒リスクが高いほど、引当金繰入額も大きくなります。

会計基準での債権区分と取立不能見込額の算定は難しい面もあるため、法人税法の規定による繰入限度額が、明らかに取立不能見込額に満たない場合を除き、法人税法での繰入限度額を貸倒引当金とできます。ただし、法人税法での貸倒引当金制度の適用対象法人は銀行、保険会社、資本金1億円以下の中小法人（資本金5億円以上の法人の完全支配関係にある法人を除く）、公益法人、協同組合、人格のない社団等などに限定されています。法人税法で損金に算入されない貸倒引当金を繰り入れることを「有税での引当て」といいます。

取引 貸倒引当金の繰入れ

売掛金30,000に対して貸倒引当金300を見積計上する。

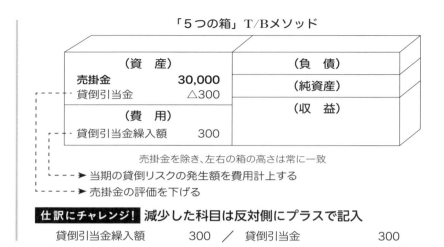

「貸倒引当金」と差額補充法

　貸倒引当金は、当期負担分を「差額補充法」により繰り入れます。差額補充法とは、すでに繰り入れている貸倒引当金に不足する額を繰り入れ、超過する額を戻し入れる仕訳方法です。

　期末の貸倒引当金残高と当期繰入額とを比較し、繰入額のほうが多い場合は、その差額を貸倒引当金繰入額として損益計算書に費用計上します。

　期末の貸倒引当金残高よりも当期繰入額が少なく戻入れとなる場合は、その取崩額を「貸倒引当金戻入額」に計上します。貸倒引当金戻入額は、販売費及び一般管理費または営業外費用から控除する形で表示します。

「貸倒引当金」の決算書での表示

　貸借対照表では、貸倒引当金は、「流動資産」または「投資その他の資産」のグループごとに、金銭債権から一括して控除する形で表示します。

　損益計算書では、貸倒引当金繰入額の内容により表示場所が異なります。具体的には、営業上の取引に基づいて発生した債権に対するものは「販売費及び一般管理費」、臨時かつ巨額のものは「特別損失」、いずれにも該当しないものは「営業外費用」に表示します。

第5章 「振替取引」と「内部仕訳」——第3ハードル

「未払費用」と「未払金」と「賞与引当金」

　賞与を未払計上するときの勘定科目は、個々の従業員への賞与支給額が確定しているかどうかにより負債科目が異なります。

　「夏（前年12月1日から5月31日までの支給期間対応分を7月10日）と冬（6月1日から11月30日までの支給期間対応分を12月10日）の各支給日に在籍する従業員に対して、基本給の2か月分の賞与を支給する」など、賞与支給額が確定しており、かつ、支給対象期間に対応して算定されている場合は「未払費用」に計上します。

　「4月30日に在籍する従業員に対して、決算賞与として一律20万円を支給する」など、賞与支給額が確定しているが、成功報酬的な賞与のように支給対象期間以外の臨時的な要因に基づいて支給額が算定されたものである場合には、その額を「未払金」に計上します。

　また、従業員への賞与支給額が確定していない場合には、支給見込額のうち当期に帰属する額を「賞与引当金」に計上します。

> |取引| 賞与引当金の繰り入れ
>
> 　給与規程に基づき当期対応分の賞与の支給見込額1,000,000円を未払計上する。
>
> |ヒント| 「5つの箱」の中での増減をイメージする

「5つの箱」T/Bメソッド

左右の箱の高さは常に一致

> |仕訳にチャレンジ！|
>
> 　賞与引当金繰入額　1,000,000　／　賞与引当金　　　1,000,000

127

3 「前払費用」と「未収収益」

継続的な役務提供契約にかかる費用の前払いは「前払費用」、収益の未収は「未収収益」で仕訳します。「発生主義」の原則に従い、各期に帰属する収益と費用を正しく計上するため、時間の経過と損益の帰属時期がズレる部分を調整する勘定科目であるため「経過勘定」と呼ばれます。

いずれも、継続的な役務提供契約に基づく前払いおよび未収であり、単発取引である前渡金および未収入金とは勘定科目を区別します。

(1)「前払費用」

「前払費用」は、翌期以後分を前払いした費用であり、当期の費用には計上されない金銭の支出をいいます。たとえば、支払保険料などの継続的役務提供契約にかかる費用のうち、すでに対価を支払ったが役務の提供を受けていない部分を、当期の費用から控除し前払費用に計上します。

|取引| 翌期分以後の保険料の支払い

当期首に向こう2年間分の損害保険料240,000円を現金で支払った。

|ヒント|「5つの箱」の中での増減をイメージする

「5つの箱」T/Bメソッド

左右の箱の高さは常に一致

|仕訳にチャレンジ!| 減少した科目は反対側にプラスで記入

| 支払保険料 | 120,000 | 現 金 | 240,000 |
| 前払費用 | 120,000 | | |

翌期首に、前払費用を消して翌期の支払保険料（費用）に計上します。これにより、当期と翌期に帰属する費用が正しく計上され、各期の利益を正しく計算できます。

> **翌期の仕訳** 減少した科目は反対側にプラスで記入

　　支払保険料　　　　　120,000　／　前払費用　　　　　120,000

（2）「未収収益」

「未収収益」は、当期に帰属すべき分が未収である収益を計上する勘定科目です。たとえば、受取利息などの継続的役務提供契約にかかる収益のうち、役務の提供は完了しているが、対価を受領していない部分について、収益の発生を認識し未収収益を計上します。

> **取引** 未収となっている受取利息の計上

　　取引先に利息後払いの契約で10,000,000円を貸し付けたが、当期に帰属する利息40,000円が未収となっている。

> **ヒント**「5つの箱」の中での増減をイメージする

「5つの箱」T/Bメソッド

左右の箱の高さは常に一致

> **仕訳にチャレンジ！**

　　未収収益　　　　　　40,000　／　受取利息　　　　　　40,000

翌期に、当期に帰属する分も含めた利息が普通預金に振り込まれたら、未収収益を消し込み、入金処理をします。当期に帰属すべき収益を計上することより、当期の損益が正しく計算されます。

> **翌期の仕訳** 減少した科目は反対側にプラスで記入

　　普通預金　　　　　　40,000　／　未収収益　　　　　　40,000

「未払費用」と「前受収益」

継続的な役務提供契約にかかる費用の未払いは「未払費用」、収益の前受けは「前受収益」で仕訳します。「発生主義」の原則に従い、各期に帰属する収益と費用を正しく計上するため、時間の経過と損益の帰属時期がズレる部分を調整する勘定科目であるため「経過勘定」と呼ばれます。

いずれも、継続的な役務提供契約に基づく未払いおよび前受けであり、単発取引である未払金および前受金と勘定科目を区別して仕訳します。

（1）「未払費用」

「未払費用」はすでに発生しているが、未だ支払っていない費用です。

たとえば、給料手当などの継続的役務提供契約にかかる費用のうち、役務の提供を受けているが、対価を支払っていない部分について、費用の発生を認識し未払費用に計上します。

取引　給料手当の日割り計上

当社は給料の計算期間を毎月1日から月末までの締めとし、翌月15日に支払っている。当月の給料300,000円を未払計上する。

ヒント　「5つの箱」の中での増減をイメージする

「5つの箱」T/Bメソッド

（資　産）	（負　債）
	未払費用　　　300,000
	（純資産）
（費　用）	（収　益）
給料手当　　　300,000	

左右の箱の高さは常に一致

仕訳にチャレンジ！

給料手当　　　300,000　／　未払費用　　　300,000

翌月の給料支給日に未払費用を取り崩して支払います。これにより、当月に帰属する費用が正しく計上され、利益を正しく計算できます。

> **翌期の仕訳** 減少した科目は反対側にプラスで記入

未払費用	300,000	／ 現預金	300,000

（2）「前受収益」

「前受収益」は、翌期に帰属すべき分を前に受け取った金額を、当期の収益から控除する勘定科目です。たとえば、受取地代などの継続的役務提供契約にかかる収益のうち、すでに対価を受領しているが役務の提供は完了していない部分について、当期の収益から控除し前受収益に計上します。

> **取引** 翌期分の受取地代の前受け
>
> 12月決算法人である当社は9月1日に向こう1年間分の地代240,000円を小切手で受領した。

> **ヒント** 「5つの箱」の中での増減をイメージする

「5つの箱」T/Bメソッド

（資　産）		（負　債）	
現　金	240,000	前受収益	160,000
		（純資産）	
（費　用）		（収　益）	
		受取地代	80,000

左右の箱の高さは常に一致

> **仕訳にチャレンジ！**

現　金	240,000	／	前受収益	160,000
		／	受取地代	80,000

翌期首に、前受収益を消して、翌期の収益（受取地代）に計上します。これにより、当期と翌期の損益が正しく計算されます。

> **翌期の仕訳** 減少した科目は反対側にプラスで記入

前受収益	160,000	／ 受取地代	160,000

5 有価証券の期末評価

有価証券とは

「有価証券」とは、金融商品取引法に規定する国債、地方債、株券、投資信託の受益証券、公社債投資信託などをいいます。貸借対照表において、有価証券は、次のとおり表示されます。
(1) 売買目的有価証券および1年以内に満期の到来する有価証券
　… 流動資産に「有価証券」と表示
(2) 関係会社株式（売買目的有価証券を除く）その他流動資産に属しない有価証券 … 固定資産（投資その他の資産）に「投資有価証券」または「関係会社株式」と表示

結果として、売買目的有価証券および1年以内に満期の到来する有価証券に該当しないものは、すべて「投資その他の資産」に表示されます。

「売買目的有価証券」とは

「売買目的有価証券」とは、売買をとおして儲けを得ることを目的とする有価証券という意味ですが、厳密には、次に掲げる株式等をいいます。
(1) 短期的な価格の変動を利用して利益を得る目的で行なう取引に専ら従事する者が 短期売買目的でその取得を行なった有価証券
(2) その取得の日において、「売買目的有価証券」等の勘定科目で取得したものである旨を帳簿書類に区分して記載した有価証券

上記(1)に該当するのは、株式売買のための専門部署があり、専任トレーダーがいる金融会社などが保有する有価証券です。そのため基本的には、売買有価証券として仕訳するのは証券会社などに限られます。もちろん、そのような会社でなくても、(2)により自己の選択で売買目的有価証券で記録することは可能です。しかし税務会計では、売買目的有価証券

は期末日の「時価」で評価しなければなりません。そのため一般の事業会社では、自ら選択して売買目的有価証券で仕訳することは少なく、投資目的の上場株式、持ち合い株式などは「投資有価証券」として固定資産に表示します。

有価証券の期末評価

期末に保有する有価証券は、「売買目的有価証券」「満期保有目的の債券」「子会社株式および関連会社株式」「その他有価証券」に区分して評価します。このうち、多くの会社が保有する「その他有価証券」については、会計基準と法人税法で評価方法が異なっています。

有価証券の期末評価

会計基準における区分と評価		法人税法における区分と評価	
売買目的有価証券	時価	売買目的有価証券	時価
満期保有目的の債券	償却原価法（原価法・簡便法）	満期保有目的等有価証券	償却原価法 取得原価
子会社株式および関連会社株式	取得原価	償還有価証券 企業支配株式	
その他有価証券	時価（税効果会計を適用後の評価差額を純資産の部に計上）	その他有価証券	取得原価

会計では、その他有価証券は時価をもって評価し、税効果会計適用後の評価差額を「その他有価証券評価差額金」（純資産科目）に計上することを求めています。一方、法人税法では、「その他有価証券」は取得原価で評価して含み損益を計上する必要はありません。将来、「その他有価証券」の売却により実現した売却損または売却益を損益に計上します。

> 取引 **その他有価証券の評価益　＜実効税率を30％とします＞**
>
> 　投資有価証券（評価区分は「その他有価証券」）について、評価益100,000円を計上する。

> ヒント 「5つの箱」の中での増減をイメージする

「5つの箱」T/Bメソッド

(資　産)	(負　債)
投資有価証券　　100,000	繰延税金負債　　　　30,000
	(純資産)
	その他有価証券評価差額金 70,000
(費　用)	(収　益)

左右の箱の高さは常に一致

仕訳にチャレンジ！

投資有価証券　　100,000 ／ 繰延税金負債　　　　30,000
　　　　　　　　　　　　　　その他有価証券評価差額金　70,000

注1：繰延税金負債（30,000円）＝100,000円（評価益）×30％（実効税率）
注2：繰延税金負債は繰延税金資産と相殺のうえ純額表示します

「その他有価証券」の時価の変動によって生じた評価差額100,000円は、実現していない含み損益であるため、当期の損益には反映されません。

すなわち、損益計算書を経由せず、純資産直入の方法によって税効果会計適用後の金額である70,000円が「純資産の部」に計上されます。

上記の仕訳では、損益計算書科目がなく、すべて貸借対照表科目のみで仕訳されていることに注目してください。この仕訳は、翌期首にリセットされ、洗替方式により逆仕訳が起票されます。そして、翌期末には再びその時の時価で評価差額金を認識する仕訳が行なわれます。

上場有価証券の減損処理

金融商品会計基準では、売買目的有価証券以外の有価証券等のうち市場価格のあるものについて、期末時価が「著しく下落（50％程度以上の下落）」したときは、回復の見込みがあると認められる場合を除き、時価を

もって貸借対照表価額とし、評価差額を当期の損失として減損処理しなければなりません。

一方、法人税法では、上場有価証券等の価額が著しく低下した場合には、**「損金経理」**により帳簿価額を時価まで減額することにより、評価損の計上が認められます。上場有価証券等の価額の著しい低下とは、期末時価が帳簿価額のおおむね50％相当額を下回り、かつ、近い将来その価額の回復が見込まれない状態をいいます。

法人税法において、上場有価証券等の価額が回復するかどうかについての形式的な判断基準の明記はないため、会社側で、過去の市場価格の推移や市場環境の動向、発行法人の業況等を総合的に勘案した合理的な判断基準を設けておく必要があります。

取引 投資有価証券の評価損

帳簿価額500円の上場株式1,000株の期末時価が200円に下落し、かつ、近い将来その価額の回復が見込まれないと判断して評価損を計上した。

ヒント 「5つの箱」の中での増減をイメージする

「5つの箱」T/Bメソッド

(資　産)	(負　債)
投資有価証券　△300,000	
	(純資産)
(費　用)	(収　益)
投資有価証券評価損　300,000	

左右の箱の高さは常に一致

仕訳にチャレンジ！ 減少した科目は反対側にプラスで記入

投資有価証券評価損　300,000　／　投資有価証券　300,000

6 外貨建資産・負債の換算

為替差益と為替差損

　外貨建資産および負債の取得時と決算日または決済日の為替レート差による儲けは「為替差益」として営業外収益に、損失は「為替差損」として営業外費用に記帳します。たとえば、外貨預金の満期時に円貨で受け取るとき、外貨建債務を支払うときには、帳簿価額と決済金額の差額を為替差益または為替差損に計上します。

　取引 外貨預金の払い戻し

　　外貨定期預金US10,000ドル（帳簿価額1,020,000円）が満期になり円貨で普通預金に払い戻された（払戻日の為替相場：TTB 1ドル103円）。

　ヒント 「5つの箱」の中での増減をイメージする

「5つの箱」T/Bメソッド

（資　産）	（負　債）
普通預金　　　　1,030,000	（純資産）
外貨定期預金　△1,020,000	
（費　用）	（収　益）
	為替差益　　　　　10,000

左右の箱の高さは常に一致

　仕訳にチャレンジ！ 減少した科目は反対側にプラスで記入

　普通預金　　　　1,030,000　／　外貨定期預金　　1,020,000
　　　　　　　　　　　　　　　　　　為替差益　　　　　　10,000

　　注：為替差益 … 10,000ドル×103円－1,020,000円

　外貨建資産等を円換算する場合の為替相場は、原則として、電信売買相場の仲値（TTM、Telegraphic Transfer Middle Rate）によりますが、継

続適用を条件として、資産は電信買相場（TTB、Telegraphic Transfer Buying Rate)、負債は電信売相場（TTS、Telegraphic Transfer Selling Rate）により換算できます。電信「買」相場と電信「売」相場は、いずれも金融機関の立場から見た「売り」、「買い」の相場を意味しています。

外貨預金の場合は、預金者は解約する（売る）立場ですが、金融機関側から見れば購入する（買う）立場なので、TTBが適用されます。

決算日の換算ルール

企業会計では、外国通貨、外貨建金銭債権債務は決算時の為替相場により、子会社株式などは取得時の為替相場により円換算します。

法人税法は、外貨建資産等を「1年基準」で短期と長期に分類し期末換算方法を規定しています。法人税法の「法定評価方法」は、原則として、短期のものが「期末時換算法」、長期のものが「発生時換算法」です。税務上は発生時の換算額で計上すべき長期の外貨建て資産等につき、期末時ごとに円換算する会計処理をしている場合は、税務調整が必要となります。

現在採用している換算方法を相当期間（おおむね3年間）適用した後に、合理的な理由により変更する場合には、納税地の所轄税務署長に対して、変更しようとする事業年度開始の日の前日、つまり前期末までに「変更承認申請書」を提出して承認を受ける必要があります。

主な外貨建資産・負債の換算方法

外貨建資産等の区分		会計上の換算方法	法人税法上の換算方法
外国通貨		決算時の為替相場により換算	期末時換算法
外貨預金	短期外貨預金		期末時換算法(法定換算方法)または発生時換算法
	上記以外のもの		期末時換算法または発生時換算法(法定換算方法)
外貨建債権債務	短期外貨建債権債務	決算時の為替相場により換算(ただし、転換社債については発行時の為替相場)	期末時換算法(法定換算方法)または発生時換算法
	上記以外のもの		期末時換算法または発生時換算法(法定換算方法)
売買目的有価証券		期末時価を決算日の為替相場により換算	期末時換算法
子会社株式および関連会社株式		取得価額を取得時の為替相場により換算	発生時換算法

COLUMN

減価償却費

（1）減価償却費を計上する意味

　減価償却費の計上には、「資金回収」と「収益との対応」という重要な2つの意味があります。資金回収とは、資産の購入時に出て行ったお金を、その後、**お金が流出しない減価償却費の計上による「節税効果」で取り戻していく**ことです。

　また収益獲得に貢献する耐用年数にわたり減価償却費を計上することで**収益と費用が対応し適正な期間損益を計算**できます。

（2）会社法と法人税法のルール

　会社法は、「償却すべき資産については事業年度の末日において、相当の償却をしなければならない」と明記しているものの、会社法の会社計算規則には、減価償却計算の詳細な定めはありません。

　一方、法人税法では課税の公平を保つため、会社の自由な計算を認めず、減価償却限度額の計算方法について詳しく定めています。

　そのため、多くの会社は法人税法の規定により償却計算をしています。ただ法人税法では、償却限度額以下であれば減価償却費の計上は会社の任意、つまり、減価償却費を計上するか計上しないかは会社が自由に選択できます。

　しかし、減価償却費を計上していない損益計算書では、正しい業績を把握できません。減価償却費を適正に費用計上したあとで、なおかつ利益を計上しているならば、その会社は資金繰りについて利益の額以上に余裕があるといえます。

第6章

仕訳と「消費税」の知識
——どうしても不可欠!

1. 消費税では課税・非課税・課税対象外取引に区分します
2. 消費税の納税額は「仕入税額控除」により計算されます
3. 会計ソフトでは科目入力時の消費税の属性選択が大切です

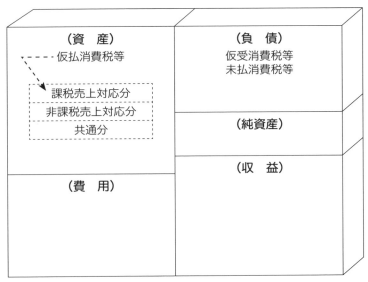

「5つの箱」T/Bメソッド

左右の箱の高さは常に一致

1 消費税は「仮」勘定

消費税を仮に支払い、仮に受け取る

　これまでの事例は、「消費税」を区分せず仕訳をしてきました。しかし、経理実務の仕訳では、消費税の基本知識は不可欠なものとなります。

　たとえば、商品の売上時には消費税を含めた金額を受け取ります。一方、商品を仕入れたり、事務用品を購入するときには、消費税を含んだ金額を支払います。これらの取引で受け取った消費税は会社の収益ではなく仮に預かっているだけです。また、支払った消費税も会社が負担しているのではなく、仮に支払っているだけです。

　消費税を負担するのは、私たち最終消費者であり、納税義務を負うのは事業者です。納税義務者である事業者は、消費税に関して誤りのない仕訳をしておく必要があります。具体的には、仕訳をする（会計ソフトに入力する）ときに、その勘定科目が消費税の課税対象か対象外か、あるいは非課税かの判断が大切になります。経理実務の現場では、日常の消費税の仕訳と決算時の納税額の計算に予想以上の時間が取られています。

　この章で、消費税の基本知識と、仕訳で登場する仮払消費税等、仮受消費税等、未払消費税等という科目について見ておきましょう。

仮払消費税等と仮受消費税等

　消費税の会計処理には、「税込経理」と「税抜経理」の2つがあり、多くの事業者は、このうち税抜処理を採用しています。

　税込経理では、売上や仕入、諸費用の支払い、資産購入など消費税が課税される取引を消費税を含んだ金額で仕訳を行ないます。期末に納付すべき消費税の額を計算して、「租税公課」（費用）にて処理します。

　一方、税抜経理では、売上や仕入、諸費用の支払いを消費税を除いた金

第6章 仕訳と「消費税」の知識——どうしても不可欠！

額で仕訳し、課税売上にかかる消費税は「仮受消費税等」（負債）に、課税仕入にかかる消費税は「仮払消費税等」（資産）に集計します。決算で仮受消費税等と仮払消費税等は相殺するとともに、消費税申告書で計算した税額を「未払消費税等」または「未収消費税等」に計上します。

「仮払消費税等」とは、消費税の課税仕入において、仮払いした消費税等を集計しておく資産科目です。「仮受消費税等」とは、消費税の課税売上において仮に受け取った消費税等を集計する負債科目です。

実際には会計ソフトで消費税を含む税込金額を入力（内税入力）すれば、入力した金額の8/108に相当する消費税を計算し、自動的に、仮払消費税等または仮受消費税等と本体価格を区分した税抜仕訳がなされます。

消費税の仕訳を比較してみよう

それでは、次の取引につき、消費税の「税込経理」と「税抜経理」での仕訳を比較してみましょう。

取引 **消費税の会計処理**
① 商品64,800円を現金で仕入れた。
② すべての商品を売り上げ代金108,000円を現金で受け取った。
③ 決算整理仕訳で「未払消費税等」を計上した。

ヒント **(1) 税込経理…「5つの箱」の中での増減をイメージする**

「5つの箱」T/Bメソッド

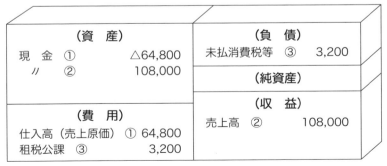

左右の箱の高さは常に一致

注：仕入れた商品のすべてが売れたので仕入高＝売上原価です

仕訳にチャレンジ! 減少した科目は反対側にプラスで記入

① 仕入高(売上原価)　64,800　／　現　　金　　　　　64,800
② 現　　金　　　　108,000　／　売上高　　　　　108,000
③ 租税公課　　　　　3,200　／　未払消費税等　　　3,200

ヒント (2) 税抜経理 … 「5つの箱」の中での増減をイメージする

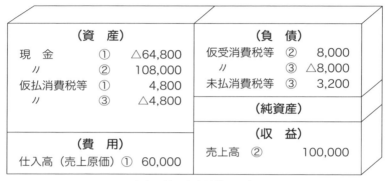

注：仕入れた商品のすべてが売れたので仕入高＝売上原価です

仕訳にチャレンジ! 減少した科目は反対側にプラスで記入

① 仕入高(売上原価)　60,000　／　現　　金　　　　　64,800
　　仮払消費税等　　　4,800
② 現　　金　　　　108,000　／　売上高　　　　　100,000
　　　　　　　　　　　　　　　　仮受消費税等　　　8,000
③ 仮受消費税等　　　8,000　／　仮払消費税等　　　4,800
　　　　　　　　　　　　　　　　未払消費税等　　　3,200

　上記のとおり、「税込経理」と「税抜経理」のいずれの方法であっても、当期の利益は40,000円で同額となっています。消費税は、仮に預かった消費税から仮に負担した消費税を差し引くことで、納税額を計算するため、原則として、利益には影響を及ぼさない仮勘定です。

余分な消費税を納税しないために

このように、消費税の原則課税では、課税売上で預かった消費税等（仮受消費税等）から、仕入や諸経費の支払い、資産購入などの支払いで負担した消費税等（仮払消費税等）を控除することで、消費税の納税額を求めます。課税売上で預かった消費税額から、課税仕入で負担した消費税額を控除することを、「**仕入税額控除**」といいます。仕入税額控除の計算誤りは、余分な納税をする原因となります。事業者として消費税を正しく納税するためにも、勘定科目および取引ごとに消費税の課税、非課税、課税対象外の区分、消費税の属性に応じた正しい仕訳が求められます。

消費税の納税額の計算

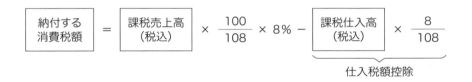

なお消費税率8％は国税の消費税6.3％と地方消費税1.7％の合計です。国税の消費税と地方消費税を合わせて、「消費税等」と呼称します。

それでは、消費税の「課税売上」と「課税仕入」の内容、仕入税額控除の計算での留意点を詳しく見ていきましょう。

2 課税仕入と仮払消費税等

消費税の「課税仕入」

　消費税での課税仕入は、「国内において事業者が、事業として、他の者から、資産を譲り受け、もしくは借り受け、または役務の提供を受けること、および保税地域からの課税貨物の引き取り」と定義されています。

　商品仕入だけでなく、事業用資産の購入、資産の賃借料、サービスの提供を受けることに伴う諸経費の支払いなど対価性のある取引は、消費税での課税仕入に含まれます。課税仕入の相手先は消費税の課税事業者に限られません。免税事業者や消費者からの資産の購入や借り受けであっても、支払った対価が課税取引であれば仕入税額控除の対象となります。

消費税の「課税仕入」

課税仕入
- (1) 事業者が　…「事業者」とは法人と個人事業者
- (2) 事業として　…事業者が行なう取引はすべて「事業」
- (3) 他の者から　…取引の相手方は免税事業者でも消費者でもよい
- (4) 資産を譲り受け、もしくは借り受けまたは役務の提供を受けること
　　　　　　　…資産の購入・賃借、サービスの提供を受ける
- (5) 保税地域からの課税貨物の引き取り…輸入

　資産は購入日の属する課税期間に全額を仕入税額控除の対象とします。割賦購入や代金が未払いであっても引渡しを受けた日の属する課税期間の課税仕入となります。

　課税資産の購入や課税仕入の対象となる諸費用をパソコン会計ソフトに入力するときには、消費税の区分は「課税仕入」を選択します。

消費税の「課税仕入」に該当しないもの

　諸経費のなかで、給与、賞与、退職金などの人件費は課税仕入となりません。ただし人件費のうち通勤手当は旅費であるため課税仕入となります。

　また、支払保険料や支払利息などの非課税取引のほか、海外出張旅費や国際電話などの国外取引、支払配当金、支払保険金、慶弔見舞金の支給、ビール券の贈答費などの課税対象外とされる取引も仕入税額控除の対象となりません。

> **取引** 国内分と海外分の通信費
> ① レターパック500円（うち消費税37円）を現金で購入して、国内の得意先に商品カタログを送付した。
> ② 海外の得意先にサンプルをDHL（国際宅配便）で送付し、発送料2,000円を現金で支払った。

> **ヒント** 「5つの箱」の中での増減をイメージする

「5つの箱」T/Bメソッド

左右の箱の高さは常に一致

> **仕訳にチャレンジ！** 減少した科目は反対側にプラスで記入

① 通信費　　　　　　　　463　／　現　金　　　　　　　500
　　仮払消費税等　　　　　 37　／
　　注：仮払消費税等（37円）＝500円×8／108

② 通信費　　　　　　　2,000　／　現　金　　　　　　 2,000
　　注：海外発送料は消費税の仕入税額控除の対象外です

取引 ビール券の贈答と飲食による接待

① 得意先にお中元としてビール券5,000円を現金購入して送った。
② 得意先を日本料理店で接待し飲食費27,000円を現金で支払った。

ヒント 「5つの箱」の中での増減をイメージする

「5つの箱」T/Bメソッド

（資　産）			（負　債）
現　金	①	△5,000	（純資産）
〃	②	△27,000	
仮払消費税等	②	2,000	（収　益）
（費　用）			
交際費	①	5,000	
〃	②	25,000	

左右の箱の高さは常に一致

仕訳にチャレンジ！ 減少した科目は反対側にプラスで記入

① 交際費　　　　　5,000　／　現　金　　　　　5,000
　　注：ビール券の贈答は消費税の仕入税額控除の対象外です

② 交際費　　　　　25,000　／　現　金　　　　　27,000
　　仮払消費税等　　2,000　／
　　注：仮払消費税等（2,000円）＝27,000円×8/108

仕入税額控除の対象とならないもの

- 給与等（給料・賃金・諸手当・賞与・役員報酬・退職金・年金等）
- 非課税取引に該当するもの（支払利息・支払地代・支払保険料等）
- 国外取引に該当するもの（海外出張旅費・国際電話・国際郵便等）
- 課税対象外取引（支払配当金・支払保険金・慶弔見舞金）

3 課税売上と仮受消費税等

仮受消費税等は、仮に受け取った額

　消費税での課税売上とは、「国内において、事業者が事業として、対価を得て行なう課税資産の譲渡・資産の貸付け・役務の提供」をいいます。

消費税の「課税売上」

課税売上
- （1）事業者が　　　　　…法人は「事業者」に含まれる
- （2）事業として　　　　…法人が行なう取引はすべて「事業」
- （3）対価を得て行なう　…取引の対価として受領する反対給付が課税対象
- （4）課税資産の譲渡等　…資産の譲渡・貸付け・役務（サービス）の提供

　消費税の課税売上には、商品の売上高のほかに、事業に付随して対価を得て行なわれる資産の譲渡、貸付け、役務の提供なども含まれます。
　そのため、雑収入で処理した項目の中に課税売上が含まれていることもあります。車両や機械などの事業用資産を売却する場合の「売却対価」（売却益ではありません！）も、消費税の課税対象となります。

「雑収入」と消費税

　「雑収入」とは、本業以外から得る収入や本業に付随して得る収入などを仕訳する勘定科目であり、「その他の雑多な収入」を意味します。
　たとえば、作業くずの売却収入、本業ではない駐車場の賃貸収入、取引先からのお祝い金の受け取り、保険金の受け取りなどです。
　本業ではない収入であっても、継続して得る場合や金額が大きいときは、内容がわかる個別の勘定科目を設定します。

|取引| 雑収入

① 地代の受け取り … 卸売業を営む当社は本社隣の空き地を取引先に青空駐車場として貸付けており、当月分の地代100,000円を小切手で受け取った。
② 保険金の受け取り … 役員を被保険者として加入していた掛け捨ての定期保険につき、役員の死亡により保険金5,000,000円が普通預金に振り込まれた。
③ 家賃の受け取り … 卸売業を営む当社は本社隣の空き倉庫を取引先に貸付けており、当月分の家賃54,000円を小切手で受け取った。

|ヒント| 「5つの箱」の中での増減をイメージする

「5つの箱」T/Bメソッド

左右の箱の高さは常に一致

|仕訳にチャレンジ!|

① 現　金　　　100,000　／　雑収入　　　　　100,000
　　注：青空駐車場の地代収入は消費税の非課税取引です
② 普通預金　　5,000,000　／　雑収入　　　　5,000,000
　　注：保険金収入は消費税の対象外取引です
③ 現　金　　　54,000　／　雑収入　　　　　　50,000
　　　　　　　　　　　　　仮受消費税等　　　　4,000
　　注：倉庫など建物の家賃収入は消費税の課税売上です

第6章　仕訳と「消費税」の知識——どうしても不可欠！

固定資産の売却も課税売上

　消費税での課税売上には、商品や製品の売上高のほかに、事業に付随して対価を得て行なわれる資産の譲渡、貸付けならびに役務の提供なども含まれます。そのため、車両や機械装置、建物などの事業用資産の売却も課税資産の譲渡に含まれます。この場合は、売却した資産の帳簿価額や時価は関係なく、**「売却対価」が消費税等を含んだ税込の課税売上**となります。

　資産の売却対価とは、当事者間で授受することとした対価の額です。基本的には、安い値段で売っても、高い値段で売っても、実際の売却対価が消費税の課税売上となります。

　取引　車両の売却と消費税

　　帳簿価額300,000円の車両を108,000円で売却して、売却代金を小切手で受け取った。

　ヒント　「5つの箱」の中での増減をイメージする

「5つの箱」T/Bメソッド

（資　産）		（負　債）	
現　金	108,000	仮受消費税等	8,000
車　両	△300,000	（純資産）	
（費　用）		（収　益）	
固定資産売却損	200,000		

左右の箱の高さは常に一致

　仕訳にチャレンジ！　減少した科目は反対側にプラスで記入

| 現　金 | 108,000 | 車　両 | 300,000 |
| 固定資産売却損 | 200,000 | 仮受消費税等 | 8,000 |

売却対価×8／108

　注1：固定資産の売却対価が消費税の税込での課税売上です
　注2：消費税抜きの売却額と帳簿価額の差額が売却損となります

消費税の3つの課税区分

「消費税」の課税区分

消費税の理解を深めるために、消費税が課税される取引（課税取引）、政策的配慮などから消費税を非課税とする非課税取引、消費税の課税対象外取引の3区分を明確にしておきましょう。

消費税が課税される取引

消費税の課税対象となる取引とは、(1) 国内において、事業者が事業として対価を得て行なう課税資産の譲渡等（国内取引）と、(2) 保税地域からの外国貨物の引き取り（輸入取引）です。

結果として、国内において課税資産の譲渡等を行なう「事業者」と、保税地域から外国貨物を引き取る「者」が消費税の納税義務者となります。輸入取引については、事業者でなくとも納税義務を負います。

消費税での事業者とは、「個人事業者」と「法人」であり、原則として、法人が行なう資産の譲渡等は、すべて課税対象となります

課税資産の譲渡等には、対価を得て行なう資産の譲渡のほかに、貸付けおよび役務（サービス）の提供も含まれます。課税資産には、商品、車両などの有形固定資産のほか、権利その他の無形資産も含まれます。そのため、本業以外の雑収入、事業活動に付随して行なう車両や備品などの事業用資産の譲渡等も消費税の課税対象取引に含まれます。

事業者にとってはうれしくない「非課税取引」

消費税法では、消費とはいえない取引や社会政策的な配慮に基づき課税することが望ましくない一定の取引については消費税を課税してはならないという「非課税取引」の規定を設けています。たとえば、土地の売却や

貸付け、受取利息、有価証券の売却、社会保険医療や介護サービス、住宅家賃など、一定の取引は消費税が課税されません。

これらの消費税の非課税取引で恩恵を受けるのは、消費者の立場で資産の購入や役務提供を受ける場合であり、事業者にとって非課税売上はうれしいことではありません。非課税取引について、事業者は売上時に消費税を転嫁できない一方で、仕入や諸経費では消費税は負担しなければなりません。原則として、非課税売上に対応する課税仕入にかかる消費税は、仕入税額控除の対象となりませんので、非課税取引にかかる課税仕入での消費税相当額が事業者のコスト負担として残ってしまうのです。

ただし後で取り上げますが、課税売上高が5億円以下で、かつ、課税売上割合が95％以上（＝非課税売上の割合が5％以下）の事業者は、課税仕入で負担した消費税額を全額控除できます。

なお「免税」ともいわれる輸出取引は、売上に対してゼロ％税率により課税し、売上にかかる消費税額をゼロと計算したうえで、課税仕入にかかる消費税額を控除し、控除しきれないときは還付されます。結果として、輸出取引では、売上に対して消費税が課税されないとともに、仕入で負担した消費税額は還付されますので、まったく消費税を負担しないことになります。輸出取引は「0％課税」という意味での課税取引ですので、「非課税売上」とは大きな違いがあります。

消費税の「課税対象外取引」

国内取引のうち資産の譲渡等に該当しないものと国外取引は消費税の「課税対象外」となります。

資産の譲渡等に該当しないものとは、資産の無償貸付け、贈与、同業者団体の会費、受取保険金、株式にかかる配当金、お布施、戒名料、入学寄附金、香典、見舞金などの、反対給付としての対価性のない取引などです。

国外取引とは、国外にある資産の譲渡または貸付け、国外での請負工事、海外出張等の費用など、国外で行なわれる取引をいいます。

なお、消費税の課税対象外取引を「不課税」という言い方もします。

5 仮払消費税等の３つの区分

消費税の仕入税額控除での留意点

　消費税の原則課税では、課税売上にかかる消費税額から、課税仕入にかかる消費税額を控除（仕入税額控除）して、納付すべき税額を計算します。

　この仕入税額控除の計算において、**課税売上高が５億円を超える**事業者または**課税売上割合が95％未満**である事業者は、非課税売上に対応する課税仕入にかかる消費税額の控除はできません。このような事業者は、仕入税額控除の計算に当たり、（１）個別対応方式か、（２）一括比例配分方式のいずれかの方法で仕入税額控除の計算を行なう必要があります。

「課税売上割合」とは

　「課税売上割合」とは、その課税期間中の国内における資産の譲渡等の対価の額の合計額（課税売上＋非課税売上＋輸出）に対する、その課税期間中の国内における課税資産の譲渡等の合計額（課税売上＋輸出）の占める割合をいいます。課税売上割合が95％未満とは、裏返せば非課税売上の割合が５％を超えるということです。

　なお、有価証券の譲渡は非課税取引ですが、課税売上割合の計算では、その譲渡対価の５％相当額を分母に含めます。同じく非課税取引である土地の売却と異なり、有価証券は売買を繰り返すこともあるため、売却対価の合計額をそのまま非課税売上高に含めると実態に合わないからです。

「課税売上割合」の計算式

$$課税売上割合(\%) = \frac{課税売上（税抜）＋輸出売上}{課税売上（税抜）＋非課税売上＋輸出売上}$$

「個別対応方式」での仕入税額控除

　個別対応方式では、すべての課税仕入および保税地域から引き取った課税貨物にかかる消費税を、①課税売上対応分、②共通分、③非課税売上対応分の3つに区分します。

　このうち、仕入税額控除の対象となるのは、①課税売上対応分の消費税（課税売上にのみ対応する課税仕入にかかる消費税）の全額と、②共通分の消費税（課税売上と非課税売上に共通する課税仕入にかかる消費税）に課税売上割合を乗じた金額の合計額です。③非課税売上対応分の消費税（非課税売上にのみ対応する課税仕入にかかる消費税）は控除できません。

「個別対応方式」による仕入税額控除の計算

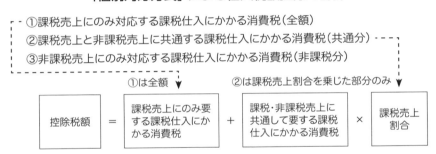

3つに区分される「仮払消費税等」

　個別対応方式における課税売上対応分の課税仕入とは、商品の仕入、製品製造用にのみ消費または使用される原材料、容器、包紙、機械装置の購入、課税売上にかかる広告宣伝費などです。

　非課税売上にのみ要する課税仕入には、販売用土地の造成費用、土地の販売手数料、健康保険診療のための医薬品の仕入などが含まれます。

　共通分の課税仕入とは、課税資産の譲渡等と非課税資産の譲渡等に共通して使用される資産の購入、消耗品費、通信費、水道光熱費等です。

　このように、個別対応方式により仕入税額控除の計算をする場合には、

仕訳入力または税額計算の際に、それぞれの**課税仕入を①課税売上対応分、②共通分、③非課税売上対応分の３つに区分**しなければなりません。

パソコン会計ソフトでは、仕訳の入力時に、勘定科目ごとの税区分を正しく選択することが大切になります。

たとえば、交際費を例にして、消費税の属性を考えてみましょう。

まず、その取引内容が仕入税額控除の対象となるかどうかを判定します。交際費のうち飲食費は課税仕入ですが、得意先へのお祝い金は課税仕入となりません。続いて、課税仕入のうち「課税分」「非課税分」「共通分」の区分をします。得意先との接待飲食費であれば課税分、土地売却にかかる接待飲食費であれば非課税売上対応分、顧問弁護士との接待飲食費は共通分といった具合に区分することになります。

パソコン会計での消費税の科目属性

科目	税区分	（具体例）
交際費	仕入（課税売上分）	… 得意先との接待飲食費
	仕入（非課税売上分）	… 土地売却にかかる接待飲食費
	仕入（共通分）	… 顧問弁護士との接待飲食費
	対象外仕入	… 得意先へのお祝い金の支出

注：対象外仕入と同じ意味合いで「不課税仕入」または「非課税仕入」と表記されている会計ソフトもあります。非課税仕入とは、厳密には社会保険料や支払利息などですが、仕入税額控除の計算には影響ありません。

「一括比例配分方式」での仕入税額控除

一括比例配分方式とは、課税仕入の種類を区分せず、その課税期間中の課税仕入にかかる消費税額（仮払消費税等）の全額に課税売上割合を乗じることで、仕入税額控除額を求める簡便的な計算方法です。一括比例配分方式を選択した場合、２年間は継続して適用しなければなりません。

「一括比例配分方式」による仕入税額控除の計算

控除税額 ＝ その課税期間中の課税仕入にかかる消費税 × 課税売上割合

　これら２つの計算方法のうち、個別対応方式は事務処理の手間は掛かりますが、課税売上に対応する消費税額をもれなく仕入税額控除できるため、消費税法の趣旨どおりの計算結果となります。

　一括比例配分方式では、本来、その全額が仕入税額控除の対象となったはずの課税売上対応分の消費税（課税売上にのみ対応する課税仕入にかかる消費税）に対しても課税売上割合を掛けてしまうため、一部の仕入税額控除額を損します。その一方で、本来は控除対象とならない非課税売上に対応する消費税額の一部を控除できることになります。

　そのため、「非課税売上対応分の仮払消費税等×課税売上割合」が、「課税売上対応分の仮払消費税等×（１－課税売上割合）」より大きい場合は、一括比例配分方式のほうが消費税の納税額で有利になることもあります。

　しかし、一括比例配分方式は簡便的な処理であるものの、２年間継続して適用した後でなければ個別対応方式に戻れないことに注意が必要です。

個別対応方式と一括比例配分方式

個別対応方式

| 課税分 | 共通分 | 非課税分 |

一括比例配分方式

| 課税分 | 共通分 | 非課税分 |

仮払消費税等のうち、それぞれ網掛け部分が控除対象となる金額
太枠部分 が２つの計算方法で仕入税額控除額を比較すべき部分

COLUMN

事業者はうれしくない
消費税の「非課税売上」

　消費税法では、「消費になじまないもの」および「社会政策的配慮に基づくもの」など、一定のものについては、消費税を課さない非課税取引として限定列挙しています。

　消費税の非課税売上で恩恵を受けるのは、資産の購入や役務提供を受ける消費者であり、事業者は、非課税取引の売上時には消費税を転嫁できない一方で、仕入や諸経費についての消費税は負担しなければならないことに注意が必要です。

消費税の非課税取引

区分	内容
消費に なじまないもの	①土地等の譲渡及び貸付け ②社債、株式等の譲渡、支払手段の譲渡等 ③利子、保証料、信託報酬、保険料等 ④郵便切手、印紙及び物品切手等の譲渡 ⑤住民票、戸籍抄本等の行政手数料等
社会政策的な 配慮に基づくもの	①社会保険医療等 ②一定の介護サービス、社会福祉事業等 ③助産に係る役務の提供 ④埋葬料、火葬料を対価とする役務の提供 ⑤一定の身体障害者物品の譲渡、貸付け等 ⑥一定の学校の授業料、入学金、入学検定料等 ⑦教育用図書の譲渡 ⑧住宅の貸付け

第7章

実務で必須の税務知識と「複合仕訳」

```
            「5つの箱」T/Bメソッド

   ┌─────────────────┬─────────────────┐
   │    （資　産）    │    （負　債）    │
   │     立替金       │     預り金       │
   │   仮払消費税等   │    未払費用      │
   │   未収消費税等   │   仮受消費税等   │
   │   繰延税金資産   │   未払消費税等   │
   │  （△）貸倒引当金 │   未払法人税等   │
   │   一括償却資産   │   繰延税金負債   │
   │                  ├─────────────────┤
   │                  │    （純資産）    │
   │                  ├─────────────────┤
   │                  │    （収　益）    │
   │                  │     受取利息     │
   ├─────────────────┤    受取配当金    │
   │    （費　用）    │                  │
   │     支払報酬     │                  │
   │    法定福利費    │                  │
   │    福利厚生費    │                  │
   │     会議費       │                  │
   │     交際費       │                  │
   │    消耗品費      │                  │
   │    減価償却費    │                  │
   │    貸倒損失      │                  │
   │法人税、住民税及び事業税│            │
   │   法人税等調整額  │                  │
   └─────────────────┴─────────────────┘
            左右の箱の高さは常に一致
```

(注1)複合仕訳……1つの取引に3つ以上の勘定科目を使用する仕訳（単一仕訳ではない仕訳）
(注2)単一仕訳……1つの取引に貸借1つずつの勘定科目を使用する「1対1」の仕訳

1 「源泉所得税」の預かりと納付

源泉徴収では他人のお金を預かる

　給与や報酬、配当金などの特定の支出をする際には、支払先である従業員等が納付すべき税金や社会保険料を天引きして「預り金」で仕訳します。

　預かったお金の納付義務を負うので預り金は負債科目であり、普通預金や当座預金は銀行に預けているお金なので資産科目です。

「預金」と「預り金」

　相手先が納付すべき所得税等を天引きすることを「源泉徴収」といいます。支払者である会社が「源泉徴収義務者」となり、相手先には手取り額を支払い、天引きした所得税を国等に納付します。

源泉徴収のしくみ

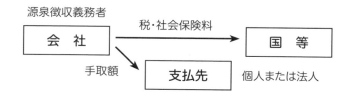

給与等は手取額を支払う

従業員に対する給与や役員報酬を支払うときは、本人が負担すべき所得税、社会保険料、住民税を差し引いて手取額を支払います。源泉徴収した税や社会保険料は「預り金」（負債科目）に仕訳します。源泉徴収した所得税と住民税は、給与支払日の翌月10日までに国等に納付します。預かった本人負担分の社会保険料は会社負担分と合わせて翌月末に支払います。

取引 給料手当の支給

従業員に対する給与300,000円から所得税8,000円、住民税12,000円、本人負担の社会保険料15,000円を控除した額を普通預金から送金した。

ヒント 「5つの箱」の中での増減をイメージする

仕訳にチャレンジ！ 減少した科目は反対側にプラスで記入

給料手当	300,000	普通預金	265,000
		預り金	35,000

支払報酬と預り金

弁護士、公認会計士、税理士、司法書士、社会保険労務士等への報酬、原稿料、デザイン報酬、著作権の使用料、工業所有権の使用料、講演料、翻訳料など特定の報酬の支払いに際しても、所得税を天引き（源泉徴収）

して本人に代わり納税しなければなりません。

源泉徴収の対象となる報酬は所得税法に明記されています。

源泉徴収すべき所得税率は、報酬の額に対して10.21％（復興特別所得税を含む）です。ただし、同じ人に対する1回の支払金額が100万円を超える場合は、100万円までの金額は10.21％、100万円を超える部分の金額は20.42％の2段階税率により源泉徴収しなければなりません。

また司法書士、土地家屋調査士等の業務に関する報酬については、同じ人に対して1回に支払う金額から1万円を控除した残額に対して10.21％の税率により所得税を源泉徴収します。登録免許税、印紙税等の実費立替分は報酬に含めず源泉徴収の計算をします。源泉徴収した所得税は「預り金」で仕訳しておき、報酬の支払日の翌月10日までに所得税と復興特別所得税を合計して、1枚の納付書で納付します。

なお、請求書等で消費税の額が明確に区分されているときは、消費税を含まない金額を源泉徴収の対象としてよいことになっています。本来、消費税とは支払う側にとっては「仮払い」、受け取る側は「仮受け」なので、報酬に含める必要はないということです。

取引 1回100万円を超える報酬の支払い

公認会計士に業務改善コンサルティング報酬3,240,000円（請求書において消費税等240,000円は明確に区分されている）を源泉徴収して、普通預金から支払った。

ヒント 「5つの箱」の中での増減をイメージする

「5つの箱」T/Bメソッド

左右の箱の高さは常に一致

第7章　実務で必須の税務知識と「複合仕訳」

仕訳にチャレンジ！ 減少した科目は反対側にプラスで記入

支払報酬	3,000,000	/	普通預金	2,729,500
仮払消費税等	240,000	/	預り金	510,500

注：預り金として源泉徴収すべき所得税（510,500円）
　　＝1,000,000円×10.21％＋(3,000,000円－1,000,000円)×20.42％

取引 司法書士報酬の支払い

司法書士報酬108,000円（請求書において消費税等8,000円は明確に区分されている）を源泉徴収のうえ普通預金から支払った。

ヒント 「5つの箱」の中での増減をイメージする

「5つの箱」T/Bメソッド

（資　産）	（負　債）
普通預金　　△98,811 仮払消費税等　　8,000	預り金　　　9,189
	（純資産）
	（収　益）
（費　用） 支払報酬　　100,000	

左右の箱の高さは常に一致

仕訳にチャレンジ！ 減少した科目は反対側にプラスで記入

支払報酬	100,000	/	普通預金	98,811
仮払消費税等	8,000	/	預り金	9,189

注：預り金として源泉徴収すべき所得税（9,189円）
　　＝(100,000円－10,000円)×10.21％

2 利息から源泉徴収される所得税

受取利息は資金運用の果実

「受取利息」は、定期預金、国債、社債、公社債投資信託、貸付金などに対する資金運用の果実として受け取る収益です。

預貯金や公社債の利子等については、支払者側で所得税を天引きし、受取人には手取り額が支払われます。

なお貸付金の利息については、所得税を源泉徴収する必要はありません。

通帳に振り込まれる利息

普通預金(兼お借入明細)				
年月日	摘要	お支払金額	お預り金額	差引残高
:	:	:	:	:
△.8.5	AD		250,000	***841,000
△.8.10	他店券	08/12午後	50,000	***891,000
△.8.14	預金利息	08/14	63	***891,063
:	:	:	:	:

└─ 利息の手取り額

受取利息から源泉徴収される税金

預貯金および公社債の利子、証券投資信託の収益の分配については、収入金額に対して、所得税15.315%（復興特別所得税0.315%を含む）が源泉徴収されます。

割引債は、償還差益に対して所得税18.378%（復興特別所得税0.378%を含む）が発行時に源泉徴収されます。割引債とは、額面金額より割り引いた金額で発行される債券です。利払いはありませんが満期には額面で償還されるため、割引債の発行価格と額面金額の差額が償還差益であり、利

付債の利息に相当するものです。

利子等から源泉徴収される所得税

区分	所得税	復興特別所得税	合計
預貯金及び公社債等の利子	15%	0.315%	15.315%
割引債の償還差益	18%	0.378%	18.378%

注：平成49年12月31日までに支払われる利子等については、所得税と併せて、「復興特別所得税」（所得税×2.1%）が源泉徴収される

源泉徴収された所得税は取り戻す！

　法人が受け取る利息について、法人税の課税対象となるうえに、受け取り時に所得税が源泉徴収されてしまうと、法人税と所得税が二重に課税されることになります。

　そこで、法人税の確定申告書において、源泉徴収された所得税額を法人税額から控除できるしくみになっています。所得税額を、納付すべき法人税額から控除するので、「所得税額控除」と呼ばれます。もしも納付すべき法人税額から控除しきれない場合には、その金額は還付されます。割引債については、発行時に源泉徴収される所得税を取得価額に含めておき、償還時において源泉徴収されたものとみなして、償還時に所得税額控除を受けます。

　なお源泉所得税について、税額控除または還付を受けないで、その全額を損金算入する税務処理も選択できます。しかし、会社の法人税の納付額を考えると、所得税は税額控除または還付で取り戻したほうが有利です。

源泉所得税は「法人税等」の前払い

　利息や配当金の受け取り時に源泉徴収される**所得税は、法人税の納付時に精算される税金の前払い**と考えて、「法人税、住民税及び事業税（法人税等）」で仕訳しておきます。税金に関する科目には、販売費及び一般管理費の「租税公課」もありますが、販売管理費の租税公課で仕訳すると、その分だけ営業利益や経常利益が少なく計上されてしまいます。

法人税額の前払いに過ぎない源泉徴収税額が販売管理費に計上され、営業利益や経常利益に影響を与えるのは望ましくないため、法人税等で仕訳をしておきましょう。

取引 利息の受け取り

丸菱銀行の普通預金口座に、利息84,685円（所得税15,000円、復興特別所得税315円の源泉徴収後の手取り額）が振り込まれた。

ヒント 「5つの箱」の中での増減をイメージする

「5つの箱」T/Bメソッド

（資　産）	（負　債）
普通預金　　84,685	（純資産）
（費　用）	（収　益）
法人税等　　15,315	受取利息　　100,000

左右の箱の高さは常に一致

仕訳にチャレンジ！

| 普通預金 | 84,685 | 受取利息 | 100,000 |
| 法人税、住民税及び事業税 | 15,315 | | |

所得税の税額控除を受ける場合も受けない場合も会計処理は同じです。

会計では源泉徴収された所得税を法人税等で費用処理をしておき、「法人税申告書」において税務の調整を行ない所得計算をします。

具体的には、税額控除を受ける所得税を損金不算入扱いとして利益に足し戻（加算調整）して所得金額を計算します。

COLUMN

「所得税額控除」を受けないと損！

　受取利息や配当金から源泉徴収された所得税は税務で、損金算入して税額控除を受けないことも選択できます。
　しかし、所得税を法人税等の前払いと考えて税額控除を受けるほうが損金算入するよりも有利です。

〈事例〉受取利息100,000円につき所得税等15,315円が源泉徴収され、手取り額が預金に振り込まれた

◇会計処理（いずれも会計処理は同じ）

	税額控除を受けない	税額控除を受ける
受取利息	100,000	100,000
法人税等	15,315	15,315
当期純利益	84,685	84,685

◇税務処理（法人税等の実効税率を30％と仮定）

	税額控除を受けない	税額控除を受ける
益　金	100,000	100,000
損　金	15,315	0
所得金額	84,685	100,000
法人税等	25,405	30,000
（所得×30％）		
税額控除	0	△15,315
納付税額	25,405	14,685

注１：税務では収益を<u>益金</u>、費用を<u>損金</u>、利益を<u>所得</u>という
注２：税額控除を受ける所得税は税務での損金に算入されない
注３：法人税等＝所得金額×実効税率

3 配当金から源泉徴収される所得税

受取配当金は株式投資の果実

「受取配当金」は、株式投資の果実として受け取る収益です。

配当金についても、支払者側で所得税を天引きし、受取人には手取り額が支払われます。上場株式等にかかる配当は所得税15.315%（復興特別所得税0.315%を含む）、非上場株式にかかる配当は収入金額に対して所得税20.42%（復興特別所得税0.42%を含む）が源泉徴収されます。

配当等から源泉徴収される所得税

区分	所得税	復興特別所得税	合計
上場株式等の配当等	15%	0.315%	15.315%
非上場株式の配当等	20%	0.42 %	20.42 %

注：平成49年12月31日までに支払われる配当等については、所得税と併せて、「復興特別所得税」（所得税×2.1%）が源泉徴収される

取引 上場株式の配当金

当社が所有する上場会社株式にかかる配当金100,000円について、所得税15,000円、復興特別所得税315円が源泉徴収された後の手取り額が普通預金に振り込まれた。

ヒント 「5つの箱」の中での増減をイメージする

左右の箱の高さは常に一致

第7章　実務で必須の税務知識と「複合仕訳」

仕訳にチャレンジ！

普通預金	84,685	受取配当金	100,000
法人税、住民税及び事業税	15,315		

取引 非上場株式の配当金

出資している非上場会社の取引先から、配当金100,000円について、所得税20,000円、復興特別所得税420円が源泉徴収された後の手取り額が普通預金に振り込まれた。

ヒント「5つの箱」の中での増減をイメージする

「5つの箱」T/Bメソッド

左右の箱の高さは常に一致

仕訳にチャレンジ！

普通預金	79,580	受取配当金	100,000
法人税、住民税及び事業税	20,420		

受取配当金から源泉徴収される税金

　配当金の受け取り時に源泉徴収された所得税も、法人税の確定申告書を提出することにより、法人税額から控除または還付を受けることできます。
　なお、先に見た預貯金や公社債の利子から源泉徴収された所得税額は、預貯金等の預入期間にかかわりなく、その全額が税額控除されます。
　しかし配当金は、元本である株式の所有期間に対応する部分に限って、税額控除等の対象となるため、事業年度の途中で取得した株式については、源泉所得税額のうち一部控除できない金額が生じることもあります。

4 法定福利費と福利厚生費

法律で定める「法定福利費」

　法定福利費とは、会社の支払義務が法律で定められている福利費です。
　社会保険料（厚生年金保険料と健康保険料）と、労働保険料（労災保険料と雇用保険料）の会社負担分を仕訳する勘定科目です。これらの保険料は消費税の非課税取引なので、法定福利費は仕入税額控除の対象外です。

会社が任意で支出する「福利厚生費」

　福利厚生費は、役員および従業員が健康を維持し、やる気を出して働き、成果を上げるための施策の支出です。慶弔見舞金規程を定めて結婚祝い金を支給したり、お茶菓子の購入、慰安旅行、健康診断の受診料、創業記念品の支給など、従業員の慰安、衛生、保健のための費用です。
　ただ、従業員への福利厚生費としての支出は、「現物給与」との線引きが曖昧なものも多いため、注意が必要です。現物給与とは、会社側は給与で処理していないが、税務当局が給与と認定する支出であり、所得税の源泉徴収対象とされてしまいます。
　会社側としては、所得税が課されない福利厚生制度を充実することで、従業員の士気を向上させたいところです。

社会保険料と労働保険料の仕訳

　社会保険料は各人の「標準報酬月額」に対して一定率で計算されます。会社と従業員（役員も含む、以下同じ）の各々が負担し、当月分の社会保険料を翌月末までに納付します。このうち会社負担分の社会保険料は、納付日ではなく、給与の計算対象期間の末日に損金算入されます。従って、給与の仕訳と合わせて、会社負担分の社会保険料を未払計上しておきます。

第7章　実務で必須の税務知識と「複合仕訳」

　労働保険料は、年度当初に翌1年間分の保険料を概算で納付しておき、翌年度の当初に確定申告のうえ精算する「年度更新」の方法によります。

　翌1年分を前払いした保険料は、税務での「短期前払費用の損金算入」の特例により支払日に損金算入できます。労働保険料を前払いしたときに会社負担分は法定福利費とします。従業員負担分は立替金で処理しておき、その後の給与支払時に天引きするとともに立替金を消し込みます。

| 取引 | 社会保険料と労働保険料 |

① 今月の給料に対する社会保険料の会社負担分は250,000円である。
② 翌月になり、預かっていた従業員負担分の社会保険料245,500円と会社負担分が合わせて普通預金から引き落とされた。
③ 翌年度分の労働保険料を普通預金から概算払いした。保険料のうち会社負担分は500,000円、従業員負担分は250,000円である。

| ヒント | 「5つの箱」の中での増減をイメージする |

「5つの箱」T/Bメソッド

（資　産）			（負　債）		
普通預金	②	△495,500	未払費用	①	250,000
〃	③	△750,000	〃	②	△250,000
立替金	③	250,000	預り金	②	△245,500
			（純資産）		
（費　用）			（収　益）		
法定福利費	①	250,000			
〃	③	500,000			

左右の箱の高さは常に一致

| 仕訳にチャレンジ！ | 減少した科目は反対側にプラスで記入 |

① 法定福利費	250,000	/	未払費用	250,000
② 預り金	245,500	/	普通預金	495,500
未払費用	250,000	/		
③ 法定福利費	500,000	/	普通預金	750,000
立替金	250,000	/		

5 会議費と交際費

会って議論するのための費用

　会議費は、社内会議、代理店会議、得意先や仕入先との商談や打ち合わせなどの、当事者が一同に会して議論するために要する費用です。また、同じ場所に集合できない場合のテレビ会議の費用なども含まれます。

　会議には、社内で行なう幹部会、役員会、販売会議の費用だけでなく、取引先との打ち合わせ、新製品の説明のための会合なども含まれます。

　会議中にコーヒーやお茶菓子、弁当を用意する費用や、会議終了後に場所を変えずに、ビール1本程度とともに簡単な会食を提供する費用も会議費で処理します。社内に会議室がない場合は、外部のレストランやホテルの会議室等を利用しても問題ありませんが、会議ができる適切で静かな場所であることが前提なので、居酒屋などでの飲食費は交際費で仕訳します。

取引 得意先等との打ち合わせ

　得意先の担当者と喫茶店で打ち合わせを行ない、ケーキセット代3,240円を現金で支払った。

ヒント 「5つの箱」の中での増減をイメージする

「5つの箱」T/Bメソッド

(資　産)		(負　債)	
現　金	△3,240	(純資産)	
仮払消費税等	240		
(費　用)		(収　益)	
会議費	3,000		

左右の箱の高さは常に一致

仕訳にチャレンジ！ 減少した科目は反対側にプラスで記入

| 会議費 | 3,000 | / | 現　金 | 3,240 |
| 仮払消費税等 | 240 | | | |

「交際費」とは

　交際費とは、取引先を会食やゴルフ接待するための費用、海外旅行に招待する費用、お中元やお歳暮を贈答する費用などです。交際費については、法人税の計算ルールで、損金算入限度額（資本金1億円以下の中小法人（資本金5億円以上の法人の完全支配関係にある中小法人は除く）は年800万円、大法人は0円）の規定があります。交際費に含める必要がない費用は内容に応じた科目で仕訳しておきましょう。

　なお、得意先等との1人当たり5,000円以下の少額な飲食費は、「飲食店名、飲食の年月日、得意先等の名前、参加人数等を記載した書類の保存」を条件に会社規模を問わず税務上も損金算入されます。

取引 得意先等との飲食費

　　得意先1名と当社3名の合計4名の飲食費21,600円を日本料理店に現金で支払った（飲食店名、参加者名、人数などを記録している）。

ヒント 「5つの箱」の中での増減をイメージする

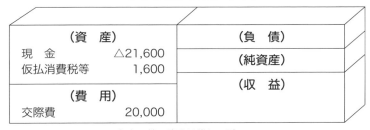

「5つの箱」T/Bメソッド

左右の箱の高さは常に一致

仕訳にチャレンジ！ 減少した科目は反対側にプラスで記入

| 交際費 | 20,000 | / | 現　金 | 21,600 |
| 仮払消費税等 | 1,600 | | | |

　　注：消費税を税抜経理で処理している場合は、税抜金額にて1人当たり5,000円
　　　 以下かどうかの判定をします

6 消耗品費

消耗する少額な物品の購入

「消耗品費」は、コピー用紙やコピートナーなど事務用品の購入費用、消耗性の少額な物品を購入するための費用です。

消耗品については、購入日に一時に消耗品費として費用処理できるか、貯蔵品として資産計上しなければならないかの線引きが重要となります。

購入日に費用処理できる事務用消耗品

消耗品は、原則として、消費した日の属する事業年度に損金算入し、期末時点で消費していない未消費分は在庫計上する必要があります。

ただし特例として、事務用消耗品、作業用消耗品、包装材料、広告宣伝用印刷物、見本品その他の資産で、各事業年度ごとにおおむね一定数量を取得し、かつ、経常的に消費するものは、継続して、取得日の属する事業年度において損金算入できることとなっています。

| 取引 | 事務用品の購入

当期末にＡ４サイズのコピー用紙200セット108,000円を現金で購入した。前期も同じ時期に、ほぼ同じ数量を購入している。

| ヒント | 「5つの箱」の中での増減をイメージする

「5つの箱」T/Bメソッド

(資　産)	(負　債)
現　金　　　　△108,000	
仮払消費税等　　　8,000	(純資産)
(費　用)	(収　益)
消耗品費　　　100,000	

左右の箱の高さは常に一致

仕訳にチャレンジ！ 減少した科目は反対側にプラスで記入

消耗品費	100,000	/	現　金	108,000
仮払消費税等	8,000	/		

注１：おおむね一定数量を継続して取得している事務用品なので、取得日に損金算入されます。
注２：未使用分も含めて取得日に消費税の課税仕入とします。

　この特例は、「毎期おおむね一定数量を取得し、かつ、経常的に消費する消耗品等」に関するものなので、金額が多額で毎期末の在庫数量に相当の増減がある消耗品は、本則どおり、期末の在庫計上が必要になります。

一時に損金算入される「少額資産」とは

　減価償却資産のうち、取得価額が10万円未満または使用可能期間が1年未満の資産は、事業供用した日に損金算入されます。減価償却資産とは、時の経過や使用により物理的または機能的に価値が減少する資産です。

　取得価額が10万円未満であるかどうかは、通常1単位として取引される単位ごとに行ないます。機械装置であれば1台または1基ごと、器具備品は1個、1組または1揃いごとに判断します。たとえば応接セットなどでは、椅子1脚、テーブル1台はそれぞれ10万円未満でも、1セットとしての取得価額が10万円を超えると少額減価償却資産には該当しません。

　この他、同一の色調やデザインで統一されたカーテンなどの器具備品は、単体で機能を発揮できない資産として、1枚ではなく部屋全体の取得価額で判断します。また他の会社と共有で購入した減価償却資産は、自社の所有権の及ぶ範囲内である持分の取得価額が10万円未満であれば、少額な資産として損金算入できます。

　使用可能期間が1年未満であるかどうかは、同業種における使用状況、補充状況からみて消耗性のものとして認識されているかどうか、自社の過去3年間程度の平均的な使用状況、補充状況等から判断します。

|取引| ひと揃いの資産の取得価額

会議室の応接セットを小切手で購入して使用を開始した。テーブルは1台129,600円、椅子は6脚259,200円である。

|ヒント| 「5つの箱」の中での増減をイメージする

「5つの箱」T/Bメソッド

```
（資　産）                    （負　債）
  当座預金      △388,800
  仮払消費税等     28,800
  器具備品       360,000     （純資産）


                              （収　益）
（費　用）
```

左右の箱の高さは常に一致

|仕訳にチャレンジ！| 減少した科目は反対側にプラスで記入

| 器具備品 | 360,000 | / | 当座預金 | 388,800 |
| 仮払消費税等 | 28,800 | | | |

注1：応接セットなどは機能を発揮する1セットの取得価額で少額かどうかを判定します。
注2：固定資産の取得時に消費税の課税仕入とします。
注3：仮払消費税等（28,800円）＝388,800円×8/108

一括して3年間で償却する

　取得価額が10万円以上20万円未満の減価償却資産は、事業年度ごとに一括して、取得価額の合計額を3年間で均等に償却できます。この制度では、個々の資産の使用月数に関わりなく償却計算しますので、1日だけ事業に使用した資産であっても、取得価額の3分の1相当額が損金算入されます。

　ただし、事業供用した後の事業年度において、売却や除却、滅失などがあっても損失計上はできず、3年間で均等償却を継続する必要があります。

第7章　実務で必須の税務知識と「複合仕訳」

取引　一括償却資産の購入

　3月決算法人である当社は、期首の4月にコピー機162,000円、期末の3月に電子計算機194,400円を現金で購入して使用を開始した。
① 事業供用日において、一括償却資産に資産計上した。
② 決算において、一括償却資産の減価償却費を損金経理した。

ヒント　「5つの箱」の中での増減をイメージする

「5つの箱」T/Bメソッド

（資　産）		（負　債）	
現　金　　　　①	△356,400		
仮払消費税等　①	26,400	（純資産）	
一括償却資産　①	330,000		
〃　　　　　②	△110,000		
（費　用）		（収　益）	
減価償却費　②	110,000		

左右の箱の高さは常に一致

仕訳にチャレンジ！　減少した科目は反対側にプラスで記入

① 一括償却資産　　330,000　／　現　金　　　　356,400
　　仮払消費税等　　 26,400　／

注1：固定資産の取得時に消費税の課税仕入とします。
注2：仮払消費税等（26,400円）＝356,400円×8/108

② 減価償却費　　　110,000　／　一括償却資産　110,000

　一括償却資産の取得日に取得価額の合計額を費用処理をしておき、法人税申告書で取得価額の3分の2相当額を損金不算入として会計上の利益に足し戻す（加算調整する）税務処理でも構いません。

中小企業への特例

　資本金1億円以下の中小企業者（資本金1億円超の大法人の子会社等を除き、従業員数1,000人以下の法人に限る）は、取得価額30万円未満の減価償却資産につき年300万円まで事業供用時に一時に損金算入できます。

　なお、この特例で費用処理した資産は、市区町村が課税する「償却資産税」の課税対象となりますので、個別の現物管理が必要となります。

> 取引 中小企業に対する少額資産の特例
> ① 当期首に1台302,400円のパソコン11台を購入し、事業供用した。代金は来月末振込みの約束である。消費税は税抜経理をしている。当社は資本金5,000万円の中小企業で大会社の子会社ではない。
> ② 資産計上したパソコン（定額法／耐用年数4年／償却率0.25）1台分の減価償却費70,000円を直接減額法で計上した。

> ヒント 「5つの箱」の中での増減をイメージする

「5つの箱」T/Bメソッド

左右の箱の高さは常に一致

第7章 実務で必須の税務知識と「複合仕訳」

仕訳にチャレンジ！ 減少した科目は反対側にプラスで記入

① 減価償却費　　2,800,000　／　未払金　　3,326,400
　　器具備品　　　 280,000
　　仮払消費税等　 246,400

② 減価償却費　　　 70,000　／　器具備品　　 70,000

注1：①は減価償却費ではなく消耗品費で仕訳しても構いません。
注2：仮払消費税等（246,400円）＝3,326,400円×8／108
注3：取得価額が少額かどうかは消費税抜きの金額で判定します
注4：器具備品の購入代金の未払部分は未払金で仕訳します。
注5：②の減価償却費＝280,000円×0.25×12／12＝70,000円

　中小企業者の特例を受ける場合は、仕訳①のように、取得価額の合計が年300万円に達するまでの10台分は費用処理し、年300万円の上限を超える1台分は資産計上します。

　一方で上記事例の会社が、資本金1億円を超える税務上の大法人の場合には、パソコン11台分の取得価額をすべて器具備品として資産に計上し、減価償却費をとおして費用化していきます。

少額な減価償却資産の特例

資産の取得価額等	中小企業者等	大企業	償却資産税
取得価額10万円未満 使用可能期間が1年未満	○	○	対象外
取得価額10万円以上20万円未満 （3年間一括償却）	○	○	対象外
取得価額30万円未満 年合計300万円まで	○	×	課税

注：中小企業者等…従業員数が1,000人以下の中小企業者（資本金1億円以下の中小企業で大会社の子会社等を除く）または農業協同組合等

7 貸倒損失

「貸倒損失」とは

　貸倒損失とは、信用取引によりお金を貸した相手が倒産してしまい、回収できない損失（焦げ付き）です。受取手形、売掛金、貸付金などの金銭債権が法的に消滅した場合や債権の全額が回収不能となった場合は、貸倒損失を計上します。

　消費税では、課税売上にかかる売掛金等の貸倒損失は課税対象取引（課税売上のマイナス）となります。回収不能となった売掛金に含まれる消費税を、その事業年度の納付すべき消費税から控除します。

法人税法での貸倒損失の扱い

　金銭債権の回収が見込まれないならば、貸倒損失の計上額を損金算入することで、せめて税金納付だけでも軽くしたいものです。しかし法人税法では、金銭債権について貸倒れの判定基準は厳しく、回収見込みがある債権への貸倒損失の計上は認められません。健全な取引先への債権放棄は相手先への贈与（寄附金）とされ、税務上、不利な扱いを受けてしまいます。

　反対に、焦げ付きが発生した事業年度に貸倒損失として経理をしなければ、損金算入の機会を失ってしまう場合もあるので注意が必要です。

　法人税法は貸倒損失の計上事由を、次の3つのケースに限定しています。
(1) 金銭債権の全部または一部が、会社更生法による更生計画または民事再生法による再生計画の認可決定、債権者集会の協議、関係者協議等により切り捨てられた場合（資産価値の消滅）、または、債務超過状態が3年から5年程度継続している債務者に対して内容証明郵便等により「債務免除」（債権放棄）を通知した場合
(2) 債務者の資産状況、支払能力等により金銭債権の「全額」が回収で

きないことが明らかである場合
(3)　継続取引先である債務者につき、その資産状況、支払能力等が悪化したためその後の取引を停止するに至った場合で、取引停止後1年以上経過した場合、あるいは、同一地域である遠隔地の取引先への売掛金等の総額が回収費用よりも少なく、催促しても支払いがない場合

「貸倒引当金」でカバーできる焦げ付き

　金銭債権の回収不能に備える貸倒引当金を準備している場合、その後の事業年度で貸倒損失が発生した場合は、貸倒引当金を取り崩す会計処理を行ないます。貸倒引当金よりも小さい焦げ付きであれば、貸倒れが起こった事業年度の損益を悪化させません。貸倒引当金を繰り入れることで焦げ付くリスクを先取り計上していたので、実際に焦げ付きが起こった事業年度の損失計上を避けられます。

| 取引 | **貸倒れの発生** |

　取引先A社が倒産し、貸付金500,000円が回収不能となった。前期より繰り越された貸倒引当金は700,000円である。

| ヒント | 「5つの箱」の中での増減をイメージする |

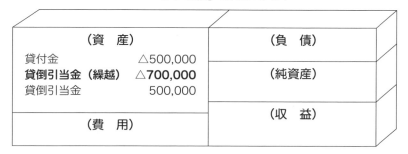

「5つの箱」T/Bメソッド

貸倒引当金（繰越）を除き、左右の箱の高さは常に一致

| 仕訳にチャレンジ! | **減少した科目は反対側にプラスで記入** |

　　貸倒引当金　　　500,000　／　貸付金　　　　　500,000
　　注：貸付金にかかる貸倒損失は消費税の課税対象外取引です

「貸倒引当金」を超える焦げ付き

反対に、準備していた貸倒引当金より大きい焦げ付きが発生した場合は、不足額を「貸倒損失」に計上します。貸倒引当金の繰り入れで焦げ付くリスクに準備していた結果、貸倒引当金の取り崩し額だけ実際に焦げ付きが起こった事業年度の貸倒損失が少なく計上されます。もしも貸倒引当金を計上していなければ、貸倒れとなった金銭債権の全額が貸倒損失に計上されてしまいます。

取引 貸倒れの発生

取引先B社が倒産し、売掛金540,000円が回収不能となった。前期より繰り越された貸倒引当金は300,000円である。

ヒント「5つの箱」の中での増減をイメージする

「5つの箱」T/Bメソッド

(資　産)	(負　債)
売掛金　　　　　　△540,000 **貸倒引当金（繰越）△300,000** 貸倒引当金　　　　　300,000	仮受消費税等　　△40,000
	(純資産)
(費　用)	(収　益)
貸倒損失　　　　　　200,000	

貸倒引当金(繰越)を除き、左右の箱の高さは常に一致

仕訳にチャレンジ！ 減少した科目は反対側にプラスで記入

貸倒引当金	300,000	売掛金	540,000
仮受消費税等	40,000		
貸倒損失	200,000		

注：課税売上である売掛金の回収不能は消費税の課税対象取引です。貸倒れが発生した事業年度の納付すべき消費税額から控除します。

損益計算書での表示場所

損益計算書における貸倒損失の表示は、営業上の取引に基づいて発生した債権に対するものは販売費及び一般管理費、営業上の取引以外のものは営業外費用、臨時かつ巨額のものは特別損失として計上します。

貸倒損失の損益計算書での表示場所

損益計算書	
売上高	1,200
売上原価	840
売上総利益	360
販売費及び一般管理費	264 ← 営業上の取引にかかる貸倒損失
営業利益	96
営業外収益	9
営業外費用	15 ← 営業上以外の取引にかかる貸倒損失
経常利益	90
特別利益	10
特別損失	20 ← 臨時かつ巨額な貸倒損失
税引前当期純利益	80
法人税、住民税及び事業税	25
法人税等調整額	7
当期純利益	48

8 「未払消費税等」の引き当て

控除できない消費税額の取扱い

　消費税の税抜経理では、「仮受消費税等」と「仮払消費税等」の差額を納付すべき未払消費税等または還付される未収消費税等に振り替えます。この計算で、課税売上高が5億円を超える事業者または課税売上割合が95％未満である事業者は、非課税売上に対応する課税仕入にかかる仮払消費税等の全額が控除できません（第6章を参照）。

　仕入税額控除の対象外となり控除できない仮払消費税等の額を、「控除対象外消費税額」といいます。控除対象外消費税額のうち経費に対応する金額は一時の損金に算入できます。ただし経費のうち、交際費にかかる控除対象外消費税額は、法人税申告書の「交際費の損金不算入額」の計算に含める必要があります。

　資産にかかる控除対象外消費税額については、課税売上割合が80％以上である場合または棚卸資産にかかるもの、あるいは一の資産にかかるものが20万円未満であれば、損金経理を要件として損金に算入できます。

　課税売上割合が80％未満の場合において、控除対象外消費税額が棚卸資産以外の資産にかかるもので、一の資産にかかるものが20万円以上であれば、資産の取得価額に算入するか繰延消費税額（決算書では「長期前払費用」にて表示）として経理します。繰延消費税額として経理した場合には、5年間（60カ月）で均等償却しますが、初年度は2分の1部分だけが損金算入限度額となります。

|取引| 消費税の会計処理

　① 商品64,800千円を現金で仕入れた。
　② すべての商品を売り上げ代金108,000千円を現金で受け取った。
　③ 事務所全体で使用する事務用品5,400千円を現金で購入した。

④ 決算整理仕訳で「未払消費税等」を計上した。当期の課税売上割合は90％で「個別対応方式」を採用している。
⑤ 控除対象外消費税額を租税公課に振り替える。

ヒント 「5つの箱」の中での増減をイメージする

「5つの箱」T/Bメソッド

（資　産）			（負　債）		
現　金	①	△ 64,800	仮受消費税等	②	8,000
〃	②	108,000	〃	④	△8,000
〃	③	△ 5,400	未払消費税等	④	2,840
仮払消費税等	①	4,800			
〃	③	400	（純資産）		
〃	④	△5,160			
〃	⑤	△40	（収　益）		
			売上高　②		100,000
（費　用）					
仕入高（売上原価） ①		60,000			
事務用品費	③	5,000			
租税公課	⑤	40			

左右の箱の高さは常に一致

注：仕入れた商品のすべてが売れたので仕入高＝売上原価です

仕訳にチャレンジ！ 減少した科目は反対側にプラスで記入

① 仕入高　　　　　　　　　60,000　／　現　金　　　　　　64,800
　　仮払消費税等（課税売上分）　4,800　／
② 現　金　　　　　　　　　108,000　／　売上高　　　　　　100,000
　　　　　　　　　　　　　　　　　　　　　仮受消費税等　　　　8,000
③ 事務用品費　　　　　　　　5,000　／　現　金　　　　　　　5,400
　　仮払消費税等（共通分）　　　400　／
④ 仮受消費税等　　　　　　　8,000　／　仮払消費税等　　　　5,160
　　　　　　　　　　　　　　　　　　　　　未払消費税等　　　　2,840
　注：控除できる仮払消費税等（4,800千円＋400千円×90％）
⑤ 租税公課　　　　　　　　　　40　／　仮払消費税等　　　　　40

「控除対象外消費税額」の経理処理

区　分		経理処理	
経費対応部分		一時に損金算入(注1)	
資産対応部分	課税売上割合が80%以上の課税期間	損金経理を要件として一時の損金算入	
	課税売上割合が80%未満の課税期間	一の資産の控除対象外消費税額が20万円未満	損金経理を要件として一時の損金算入
		棚卸資産対応部分	
		上記以外	繰延消費税額として経理

注1：交際費等にかかる控除対象外消費税額は、交際費に加算して「交際費等の損金不算入額」の計算をすることに注意

注2：繰延消費税額の損金算入額
① 初年度（繰延消費税額が生じた課税期間）

$$繰延消費税額 \times \frac{事業年度の月数}{60} \times \frac{1}{2}$$

② 翌期以降

$$繰延消費税額 \times \frac{事業年度の月数}{60}$$

納付すべき消費税額の計算方法

　消費税額を正しく納税するために、決算作業では、1年間の取引と仕訳を見直して、勘定科目ごとの消費税の税区分の選択と会計処理が正しく行なわれているか確認します。

　そのうえで、仮受消費税等から仮払消費税等を差し引いた金額を「未払消費税等」（負債）に、あるいは、仮受消費税等よりも仮払消費税等が大きいため還付となる場合は「未収消費税等」（資産）に仕訳します。

「申告書」フォームで計算してみよう

　消費税申告書では、控除対象仕入税額の計算は、帳簿上の仮払消費税等と税抜の課税仕入を合計し税込金額に戻してから8/108を掛けて消費税額を計算します。また、国税である消費税額を求めたうえで、その税額の17/63相当額を地方消費税として、別々の欄に記載してそれぞれ計算した

あとで合計します。そのなかで、国税の消費税も地方消費税もいずれも納付すべき税額は、100円未満の端数を切り捨てます。

そのため、帳簿上の未払消費税等（仮受消費税等と仮払消費税等の差額）と申告書作成による実額での納付すべき消費税額には、必ず、若干の差額が生じます。この差額と先に見た控除対象外消費税額は、その事業年度の損益計算書において租税公課または雑収入に含める必要があります。

納付すべき消費税額の計算

前提：仕入税額控除が全額控除できる（注）
- 課税売上（税抜）　　　　　　　　　　　400,000,000円
- 仮受消費税等　　　　　　　　　　　　　32,000,000円
- 課税仕入（税抜）　　　　　　　　　　　150,000,000円
- 仮払消費税等　　　　　　　　　　　　　12,000,000円
- 消費税額の中間納付額（仮払金で処理）　9,600,000円
  （内訳：　国税7,560,000円／地方税2,040,000円）

消費税確定申告書

消費税の税額の計算	
課税標準額①	400,000,000
消費税額②（①×6.3%）	25,200,000
控除対象仕入税額③	9,450,000
差引税額④（②－③）	15,750,000
中間納付税額⑤	7,560,000
納付税額⑥	8,190,000
地方消費税の税額の計算	
差引税額⑦	15,750,000
納税額⑧（⑦×17/63）	4,250,000
中間納付譲渡割額⑨	2,040,000
納付譲渡割額⑩（⑧－⑨）	2,210,000
消費税及び地方消費税の合計税額	10,400,000

- 課税標準額①：（1,000円未満の端数切捨て）
- 控除対象仕入税額③：（150,000,000＋12,000,000）× 6.3/108（100円未満の端数切捨て）
- 差引税額⑦：国税の消費税額（100円未満の端数切捨て）

決算整理仕訳

仮受消費税等	32,000,000	仮払消費税等	12,000,000
		仮払金	9,600,000
		未払消費税等	10,400,000

注：課税売上高が5億円を超える事業者または課税売上割合が95％未満の事業者は、非課税売上に対応する消費税等の控除はできない

「未払法人税等」の引き当て

法人税等の負担率

　「法人税等」とは、法人税（地方法人税を含む）、住民税、事業税（地方法人特別税を含む）を総称した費用科目です。事業税は、資本金1億円以下の中小法人は所得金額に対してのみ課税される一方で、資本金が1億円を超える法人は所得金額だけではなく「付加価値割」と「資本割」という外形的な要素に課税する外形標準課税が適用されます。大法人に対する外形標準課税分（付加価値割と資本割）の事業税は「販売費及び一般管理費」の租税公課で仕訳し、所得割は法人税等で仕訳します。

　法人税等のうち、法人税と住民税は税務上の損金に算入されませんが、事業税は申告書を提出した時（支払時）の損金に算入されます。事業税が損金算入されることを考慮した「実効税率」は約30％です。

「利益」と「所得」は異なる！

　法人税の所得金額は、一般に公正妥当な会計処理の基準に従って計算された利益に税法固有の調整額を加算または減算することで計算します。

　法人税での申告調整項目には、利益に「加算」する調整項目と、利益から「減算」される調整項目の2つがあります。課税所得の計算に当たり、利益に加算する調整項目は、交際費の損金不算入額、減価償却費の限度超過額、引当金繰入限度超過額などです。一方、利益から減算される調整項目には、受取配当等の益金不算入、欠損金の繰越控除などがあります。

法人税等と未払法人税等

　当期の所得に対する法人税等の発生額は、「法人税、住民税及び事業税（法人税等と略称）」として損益計算書で費用計上するとともに、期末未

納額は「未払法人税等」として貸借対照表に負債計上します。

翌期の納期限には未払法人税等を取り崩して納税しますので、翌期の利益計算に影響を与えません。期間損益を正しく計算するためには、発生主義での法人税等の計算と引当仕訳が要求されるのです。

取引 法人税等の会計処理

① 前期確定分の法人税等180,000円を現金で支払い、前期決算で引き当てていた未払法人税等を取り崩した。
② 当期中間分の法人税等150,000円を現金で支払った。
③ 決算で当期確定分の法人税等210,000円を未払計上した。

ヒント 「5つの箱」の中での増減をイメージする

「5つの箱」T/Bメソッド

(資　産)			(負　債)		
現　金	①	△180,000	未払法人税等（繰越）		180,000
	②	△150,000	未払法人税等	①	△180,000
			〃	③	210,000
			(純資産)		
(費　用)			(収　益)		
法人税等	②	150,000			
〃	③	210,000			

未払法人税等（繰越）を除き、左右の箱の高さは常に一致

仕訳にチャレンジ！ 減少した科目は反対側にプラスで記入

① 未払法人税等	180,000	／	現　金	180,000
② 法人税等	150,000	／	現　金	150,000
③ 法人税等	210,000	／	未払法人税等	210,000

上記の仕訳の結果、損益計算書には当期の法人税等の年税額360,000円（中間納付分＋確定要納付額）が「法人税等＝法人税、住民税及び事業税」（費用）で表示され、貸借対照表には法人税等の期末未納税額210,000円が「未払法人税等」（負債）として表示されます。

10 税効果会計の概要

税効果会計

　税効果会計とは、会計上の利益計算と法人税の所得計算の差異のうち、翌期以降に解消される「一時差異」に対する法人税等の額を適切に期間配分し、**税引前当期純利益と法人税等を合理的に対応させる会計手法**です。

利益と所得には差異がある

　利益計算と所得計算の差異には、将来のいずれかの時点で解消される「一時差異」と、永久に解消されない「永久差異」の2つがあります。

　たとえば、「交際費の損金不算入」や「役員賞与の損金不算入」などの永久差異では、税務と会計の取扱いの違いは永久に解消されません。

　一方で、法人税法での償却限度額を超えて計上した減価償却費などの一時差異は、将来に計上すべき費用の先取りをしているだけです。いずれ、その資産の耐用年数が経過して減価償却計算を終える時や、売却処分をする日までの長期で見れば、税務と会計のズレはありません。将来の費用を会計的に先取りして、税金の前払いをしたといえます。

　また欠損金の繰越控除についても、将来の税金納付を減少させる効果があるため、一時差異に準じて税効果会計の対象とします。ただし、欠損金の繰越控除期間である9年間に所得を計上できるかどうか厳密に見積もる必要があります。このほか事業税は、会計では発生時に未払法人税等に計上しますが、税務上は支払時に損金算入します。未払事業税に関する会計と税務での損金算入時期のズレも将来解消されるものなので、税効果会計の対象となります。

　税効果会計では、これらの「一時差異等」に対する会計と税務の取扱いの違いを、費用科目である「法人税等調整額」と「繰延税金資産（または

繰延税金負債)」にて調整します。

取引 「繰延税金資産」の計上

減価償却超過額1,000に対する税効果会計を適用する。
前提：税引前当期純利益　2,000、法人税の課税所得　3,000
実効税率は30％、その他の一時差異はないものとします。

ヒント 「5つの箱」の中での増減をイメージする

「5つの箱」T/Bメソッド

左右の箱の高さは常に一致

仕訳にチャレンジ！ 減少した科目は反対側にプラスで記入

繰延税金資産　　　　　　300　／　法人税等調整額　　　　　　300

貸借対照表での表示

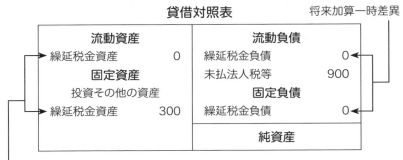

将来減算一時差異×実効税率(注1)

注1：ここでは一時差異項目の残高に対して実効税率を乗じる
注2：繰延税金負債は、繰延税金資産と相殺のうえ純額表示する

税効果会計で調整される一時差異

　一時差異には、将来の課税所得を減額させる効果を持つ「将来減算一時差異」と、将来の課税所得を増額させる効果を持つ「将来加算一時差異」があります。このうち将来減算一時差異または繰越欠損金に対する法人税等は税金の前払いであり、将来の会計期間における法人税等を減額させる効果があるため、「繰延税金資産」として貸借対照表の資産に計上します。

　しかし、将来の課税所得の累計額が、将来減算一時差異または繰越欠損金よりも小さい場合には、税額軽減効果の全額を認識できません。そのため、繰延税金資産については、将来的に回収可能性があり、資産価値が認められる場合のみ、貸借対照表に計上されるべきであるといえます。

　一方、将来加算一時差異は将来の会計期間における法人税等を増額させるため、「繰延税金負債」として負債に計上されます。

繰延税金資産と繰延税金負債

貸借対照表の科目	区分	具体的な調整事項
繰延税金資産	将来減算一時差異	減価償却超過額 貸倒引当金繰入超過額 貸倒損失否認 未払事業税(納税充当金)の引当額 棚卸資産評価損否認 有価証券評価損否認 一括償却資産の損金算入限度超過額 繰延資産償却超過額
	繰越欠損金	繰越欠損金の損金算入額
繰延税金負債	将来加算一時差異	繰越利益剰余金による圧縮記帳積立額 特別償却準備金の積立額

貸借対照表での表示ルール

　税効果会計の対象となった一時差異項目につき、貸借対照表の特定の資産にかかる繰延税金資産はそれぞれの資産の流動・固定の区分に従って表示します。特定の資産に対応しない繰延税金資産については、解消される

までの期間が1年以内であれば流動区分に、1年を超える場合には固定区分に表示します。

なお、流動資産の繰延税金資産と流動負債の繰延税金負債、あるいは、固定資産の繰延税金資産と固定負債の繰延税金負債は、それぞれ相殺のうえ純額にて表示します。

損益計算書での表示ルール

税効果会計により、将来の法人税等を増加または減少させる部分の金額は「法人税等調整額」という費用科目で計上します。

一時差異に対する法人税等を調整することで、当期の税引前当期純利益が負担すべき発生主義での法人税額を計上するための科目が「法人税等調整額」です。法人税等調整額は、当期の課税所得に対する法人税等とは区別し、「法人税、住民税及び事業税」（法人税等）に加減算する形式で、損益計算書に表示します。

法人税等調整額は費用科目なので、費用が増える調整のときは法人税等に加算する形でプラスにて表示し、費用が減少する調整のときは法人税等から控除する形でマイナスにて表示します。

損益計算書での表示

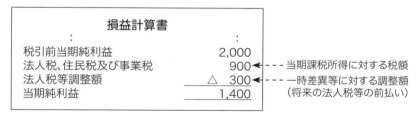

利益と法人税等が対応する

では、上記のように当期に減価償却超過額（1,000）の加算調整があり、翌期にその固定資産を売却したことで減価償却超過額の全額が減算認容される場合の会計処理を見てみましょう。

税効果会計を適用しなければ、税引前当期純利益と法人税等が対応しないため当期純利益が大きく変動してしまいます。税効果会計の適用により、当期も翌期も会計上の利益が負担すべき発生主義の法人税等（600＝税引前当期純利益×実効税率）が表示されます。

（1）前提条件　※ 法人税等の実効税率は30％とします

	（当期）
税引前当期純利益	2,000
減価償却超過額	1,000

	（翌期）
税引前当期純利益	2,000
減価償却超過額認容	1,000

（2）法人税の課税所得計算

税引前当期純利益	2,000
減価償却超過額	＋1,000
課税所得	3,000

税引前当期純利益	2,000
減価償却超過額認容	△1,000
課税所得	1,000

（3）損益計算書

① 税効果会計を適用しない場合 ← 法人税等が大きく変動する

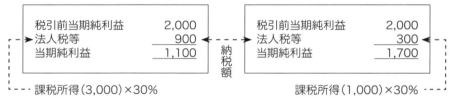

② 税効果会計を適用する場合 ← 法人税等は税引前利益の30％が計上

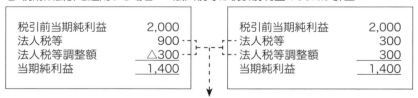

終 章

「T/Bメソッド」で決算書を作成してみよう

さぁ、集大成です！
「総合問題」にチャレンジしてみましょう

総合問題1 … 棚卸計算法による利益計算
総合問題2 … 継続記録法による利益計算

総合問題1

棚卸計算法

日実商事の設立第2期の期首残高と期中の取引は次のとおりです。

各取引の仕訳を「5つの箱」の中身（勘定科目）の増減により記入し（Step1）、残高試算表（T/B、Trial Balance Sheet）を作成してください（Step2）。

残高試算表（T/B）の左右の合計額が一致していることを確認のうえ、上下に切り分けることで貸借対照表と損益計算書を作成してください（Step3）。

消費税は「税抜処理」によります。

|取引| 金額は消費税込みの金額で記載しています。

① 商品であるパソコン10台（1台当たり216,000円）を現金預金で仕入れる。
　　注：「売上原価」の会計処理は「棚卸計算法」（仕入れたときは仕入高に記録し、期首と期末の在庫の調整をして売上原価に振り替える方法）によります。

② 短期借入金100,000円を現金預金から返済した。

③ 預金口座に源泉徴収後の受取利息の手取り額84,685円が振り込まれた。
　　注：受取利息は所得税等15.315％が源泉徴収された手取り額が振り込まれます。源泉徴収された所得税は「法人税、住民税及び事業税」で仕訳します。

④ 給料手当150,000円から所得税、社会保険料15,000円を差し引いた手取り額を従業員の口座に預金から振り込んだ。

⑤ 決算月の給与に対する会社負担分の社会保険料14,000円を未払計上する。

⑥ パソコン5台を2,160,000円で売却し、代金を現金預金にて回収する。

⑦ 売掛金200,000円が預金口座に振り込まれた。

⑧　買掛金150,000円を預金口座から支払った。
⑨　商品であるデジタルカメラ5台（1台当たり86,400円）を掛けにて仕入れる。
⑩　パソコンとデジタルカメラを3セット1,620,000円で売却する。2セット分（1,080,000円）の売上代金は現金回収したが、1セット分（540,000円）は掛け売りである。
⑪　商品販促用のチラシを作成し108,000円を現金で支払った。
⑫　事務所で使用する文房具54,000円（消耗品費）を現金で支払った。
⑬　商品の実地棚卸を行なったところ、パソコン6台（1台当たりの仕入原価200,000円）とデジタルカメラ4台（1台当たりの仕入原価80,000円）が売れ残っている。
⑭　器具備品について減価償却費70,000円を直接減額法にて計上する。
⑮　期中の仮払消費税等と仮受消費税等の差額を未払消費税等に振り替える。なお消費税確定申告書を作成した結果による実額での要納付額は76,200円である。帳簿上の未払消費税等と実額での要納付額との差額は租税公課で処理する。
⑯　前期確定分の法人税等を未払法人税等を取り崩して現金にて支払った。
⑰　当期中間分の法人税等50,000円を現金にて支払った。
⑱　決算において当期確定分の法人税等300,000円を未払計上する。

【解答欄】
Step 1 「5つの箱」で取引記録 〜棚卸計算法〜

	勘定科目	期首残	増減	期末残
資産	現金預金	3,490,000		
	売掛金	500,000		
	商品	960,000		
	仮払消費税等			
	器具備品	210,000		
費用	(売上原価) 期首商品棚卸高 当期商品仕入高			
	期末商品棚卸高			
	給料手当			
	法定福利費			
	広告宣伝費			
	消耗品費			
	減価償却費			
	租税公課			
	法人税等			

「5つの箱」T/Bメソッド

(円)

勘定科目	期首残	増減	期末残	
買掛金	400,000			負債
短期借入金	800,000			
預り金				
仮受消費税等				
未払費用				
未払消費税等				
未払法人税等	60,000			
資本金	3,000,000			純資産
繰越利益剰余金	900,000			
売上高				収益
受取利息				

【解答欄】

Step 2　期末日の「5つの箱」(＝残高試算表)を作成

残高試算表
(T/B、Trial Balance Sheet)

(円)

資産		負債	
	現金預金 売掛金 商　品 器具備品	買掛金 短期借入金 預り金 未払費用 未払消費税等 未払法人税等	負債
		資本金 繰越利益剰余金	純資産
費用	売上原価 給料手当 法定福利費 広告宣伝費 消耗品費 減価償却費 租税公課 法人税等	売上高 受取利息	収益

合　計 ＿＿＿＿＿　　合　計 ＿＿＿＿＿

終章 「T/Bメソッド」で決算書を作成してみよう

Step 3　残高試算表（T/B、Trial Balance Sheet）を上下に切り分ける

貸借対照表
（B/S、Balance Sheet）

(円)

資産の部	負債の部
現金預金 売掛金 商　品 器具備品	買掛金 短期借入金 預り金 未払費用 未払消費税等 未払法人税等 　　　　純資産の部 資本金 利益剰余金
合　　計	合　　計

損益計算書
（P/L、Profit&Loss Statement）

(円)

売上高	
売上原価	_____
売上総利益	
給料手当	
法定福利費	
広告宣伝費	
消耗品費	
減価償却費	
租税公課	_____
営業利益	
受取利息	_____
経常利益	
法人税等	_____
当期純利益	_____

（注）繰越利益剰余金の内訳
　　　期首繰越利益剰余金　　900,000円
　　　当期純利益　　　_____　◄----- 当期純利益
　　　期末繰越利益剰余金　_____円

【解答】

Step 1 「5つの箱」で取引記録 ～棚卸計算法～

	勘定科目	期首残		増減	期末残
資産	現金預金	3,490,000	①△	2,160,000	4,197,685
			②△	100,000	
			③	84,685	
			④△	135,000	
			⑥	2,160,000	
			⑦	200,000	
			⑧△	150,000	
			⑩	1,080,000	
			⑪△	108,000	
			⑫△	54,000	
			⑯△	60,000	
			⑰△	50,000	
	売掛金	500,000	⑦△	200,000	840,000
			⑩	540,000	
	商品	960,000	⑬△	960,000	1,520,000
			⑬	1,520,000	
	仮払消費税等		①	160,000	0
			⑨	32,000	
			⑪	8,000	
			⑫	4,000	
			⑮△	204,000	
	器具備品	210,000	⑭△	70,000	140,000
費用	(売上原価) 期首商品棚卸高 当期商品仕入高		⑬	960,000	1,840,000
			①	2,000,000	
			⑨	400,000	
	期末商品棚卸高		⑬△	1,520,000	
	給料手当		④	150,000	150,000
	法定福利費		⑤	14,000	14,000
	広告宣伝費		⑪	100,000	100,000
	消耗品費		⑫	50,000	50,000
	減価償却費		⑭	70,000	70,000
	租税公課		⑮	200	200
	法人税等		③	15,315	365,315
			⑰	50,000	
			⑱	300,000	

終章 「T/Bメソッド」で決算書を作成してみよう

「5つの箱」T/Bメソッド　　　　　　　　　　　　(円)

勘定科目	期首残	増減		期末残	
買掛金	400,000	⑧△ ⑨	150,000 432,000	682,000	負債
短期借入金	800,000	②△	100,000	700,000	
預り金		④	15,000	15,000	
仮受消費税等		⑥ ⑩ ⑮△	160,000 120,000 280,000	0	
未払費用		⑤	14,000	14,000	
未払消費税等		⑮	76,200	76,200	
未払法人税等	60,000	⑯△ ⑱	60,000 300,000	300,000	
資本金	3,000,000			3,000,000	純資産
繰越利益剰余金	900,000			900,000	
売上高		⑥ ⑩	2,000,000 1,500,000	3,500,000	収益
受取利息		③	100,000	100,000	

【解答】

Step 2　期末日の「5つの箱」(＝残高試算表)を作成

残高試算表
(T/B、Trial Balance Sheet)

(円)

区分	科目	金額	科目	金額	区分
資産	現金預金	4,197,685	買掛金	682,000	負債
	売掛金	840,000	短期借入金	700,000	
	商　品	1,520,000	預り金	15,000	
	器具備品	140,000	未払費用	14,000	
			未払消費税等	76,200	
			未払法人税等	300,000	
			資本金	3,000,000	純資産
			繰越利益剰余金	900,000	
費用	売上原価	1,840,000	売上高	3,500,000	収益
	給料手当	150,000	受取利息	100,000	
	法定福利費	14,000			
	広告宣伝費	100,000			
	消耗品費	50,000			
	減価償却費	70,000			
	租税公課	200			
	法人税等	365,315			
	合　　計	9,287,200	合　　計	9,287,200	

終章 「T/Bメソッド」で決算書を作成してみよう

Step 3 残高試算表（T/B、Trial Balance Sheet）を上下に切り分ける

貸借対照表
（B/S、Balance Sheet）

(円)

資産の部		負債の部	
現金預金	4,197,685	買掛金	682,000
売掛金	840,000	短期借入金	700,000
商　品	1,520,000	預り金	15,000
器具備品	140,000	未払費用	14,000
		未払消費税等	76,200
		未払法人税等	300,000
		純資産の部	
		資本金	3,000,000
		利益剰余金	1,910,485
合　計	6,697,685	合　計	6,697,685

損益計算書
（P/L、Profit&Loss Statement）

(円)

売上高	3,500,000
売上原価	1,840,000
売上総利益	1,660,000
給料手当	150,000
法定福利費	14,000
広告宣伝費	100,000
消耗品費	50,000
減価償却費	70,000
租税公課	200
営業利益	1,275,800
受取利息	100,000
経常利益	1,375,800
法人税等	365,315
当期純利益	1,010,485

（注）繰越利益剰余金の内訳
　　　期首繰越利益剰余金　　900,000円
　　　当期純利益　　　　　1,010,485　　◀ - - - - 当期純利益
　　　期末繰越利益剰余金　1,910,485円

総合問題2　　　　　　　　　　　　　　継続記録法

日実商事の設立第2期の期首残高と期中の取引は次のとおりです。

各取引の仕訳を「5つの箱」の中身（勘定科目）の増減により記入し（Step1）、残高試算表（T/B、Trial Balance Sheet）を作成してください（Step2）。

残高試算表（T/B）の左右の合計額が一致していることを確認のうえ、上下に切り分けることで貸借対照表と損益計算書を作成してください（Step3）。

消費税は「税抜処理」によります。

|取引|　金額は消費税込みの金額で記載しています。

① 商品であるパソコン10台（1台当たり216,000円）を現金預金で仕入れる。
　　注：「売上原価」の会計処理は「継続記録法」（仕入れたときは商品に記録し、売れるつど売上原価に振り替える方法）によります。

② 短期借入金100,000円を現金預金から返済した。

③ 預金口座に源泉徴収後の受取利息の手取り額84,685円が振り込まれた。
　　注：受取利息は所得税等15.315％が源泉徴収された手取り額が振り込まれます。源泉徴収された所得税は「法人税、住民税及び事業税」で仕訳します。

④ 給料手当150,000円から所得税、社会保険料15,000円を差し引いた手取り額を従業員の口座に預金から振り込んだ。

⑤ 決算月の給与に対する会社負担分の社会保険料14,000円を未払計上する。

⑥ パソコン5台を2,160,000円で売却し、代金を現金預金にて回収する（パソコンの仕入原価は1台200,000円）。

⑦ 売掛金200,000円が預金口座に振り込まれた。

⑧　買掛金150,000円を預金口座から支払った。
⑨　商品であるデジタルカメラ５台（１台当たり86,400円）を掛けにて仕入れる。
⑩　パソコンとデジタルカメラを３セット1,620,000円で売却する。２セット分（1,080,000円）の売上代金は現金回収したが、１セット分（540,000円）は掛け売りである（パソコン３セットの仕入原価は600,000円、デジタルカメラ３セットの仕入原価は240,000円）。
⑪　商品販促用のチラシを作成し108,000円を現金で支払った。
⑫　事務所で使用する文房具54,000円（消耗品費）を現金で支払った。
⑬　商品の実地棚卸を行なったところ、パソコン６台（１台当たりの仕入原価200,000円）とデジタルカメラ４台（１台当たりの仕入原価80,000円）が売れ残っている。
⑭　器具備品について減価償却費70,000円を直接減額法にて計上する。
⑮　期中の仮払消費税等と仮受消費税等の差額を未払消費税等に振り替える。なお消費税確定申告書を作成した結果による実額での要納付額は76,200円である。帳簿上の未払消費税等と実額での要納付額との差額は租税公課で処理する。
⑯　前期確定分の法人税等を未払法人税等を取り崩して現金にて支払った。
⑰　当期中間分の法人税等50,000円を現金にて支払った。
⑱　決算において当期確定分の法人税等300,000円を未払計上する。

【解答欄】

Step 1 「5つの箱」で取引記録 ～継続記録法～

	勘定科目	期首残	増減	期末残
資産	現金預金	3,490,000		
	売掛金	500,000		
	商　品	960,000		
	仮払消費税等			
	器具備品	210,000		
費用	売上原価			
	給料手当			
	法定福利費			
	広告宣伝費			
	消耗品費			
	減価償却費			
	租税公課			
	法人税等			

「5つの箱」T/Bメソッド

(円)

勘定科目	期首残	増減	期末残	
買掛金	400,000			負債
短期借入金	800,000			
預り金				
仮受消費税等				
未払費用				
未払消費税等				
未払法人税等	60,000			
資本金	3,000,000			純資産
繰越利益剰余金	900,000			
売上高				収益
受取利息				

【解答欄】

Step 2 期末日の「5つの箱」(=残高試算表)を作成

残高試算表
(T/B、Trial Balance Sheet)

(円)

資産		負債	
	現金預金 売掛金 商　品 器具備品	買掛金 短期借入金 預り金 未払費用 未払消費税等 未払法人税等	
		資本金 繰越利益剰余金	純資産
費用	売上原価 給料手当 法定福利費 広告宣伝費 消耗品費 減価償却費 租税公課 法人税等	売上高 受取利息	収益
合　計	＿＿＿＿＿	合　計	＿＿＿＿＿

終章 「T/Bメソッド」で決算書を作成してみよう

Step 3　残高試算表（T/B、Trial Balance Sheet）を上下に切り分ける

貸借対照表
（B/S、Balance Sheet）

（円）

資産の部	負債の部
現金預金 売掛金 商　品 器具備品	買掛金 短期借入金 預り金 未払費用 未払消費税等 未払法人税等 　　　純資産の部 資本金 利益剰余金
合　　計	合　　計

損益計算書
（P/L、Profit&Loss Statement）

（円）

売上高	
売上原価	_____
売上総利益	
給料手当	
法定福利費	
広告宣伝費	
消耗品費	
減価償却費	
租税公課	_____
営業利益	
受取利息	_____
経常利益	
法人税等	_____
当期純利益	_____

（注）繰越利益剰余金の内訳
　　期首繰越利益剰余金　　900,000円
　　当期純利益　　_____ ←----- 当期純利益
　　期末繰越利益剰余金　_____円

【解答】
Step 1 「5つの箱」で取引記録 〜継続記録法〜

	勘定科目	期首残	増減		期末残
資産	現金預金	3,490,000	①△	2,160,000	4,197,685
			②△	100,000	
			③	84,685	
			④△	135,000	
			⑥	2,160,000	
			⑦	200,000	
			⑧△	150,000	
			⑩	1,080,000	
			⑪△	108,000	
			⑫△	54,000	
			⑯△	60,000	
			⑰△	50,000	
	売掛金	500,000	⑦△	200,000	840,000
			⑩	540,000	
	商品	960,000	①	2,000,000	1,520,000
			⑥△	1,000,000	
			⑨	400,000	
			⑩△	840,000	
	仮払消費税等		①	160,000	0
			⑨	32,000	
			⑪	8,000	
			⑫	4,000	
			⑮△	204,000	
	器具備品	210,000	⑭△	70,000	140,000
費用	売上原価		⑥	1,000,000	1,840,000
			⑧	840,000	
	給料手当		④	150,000	150,000
	法定福利費		⑤	14,000	14,000
	広告宣伝費		⑪	100,000	100,000
	消耗品費		⑫	50,000	50,000
	減価償却費		⑭	70,000	70,000
	租税公課		⑮	200	200
	法人税等		③	15,315	365,315
			⑰	50,000	
			⑱	300,000	

終章 「T/Bメソッド」で決算書を作成してみよう

「5つの箱」T/Bメソッド

(円)

勘定科目	期首残	増減		期末残	
買掛金	400,000	⑧△ ⑨	150,000 432,000	682,000	負債
短期借入金	800,000	②△	100,000	700,000	
預り金		④	15,000	15,000	
仮受消費税等		⑥ ⑩ ⑮△	160,000 120,000 280,000	0	
未払費用		⑤	14,000	14,000	
未払消費税等		⑮	76,200	76,200	
未払法人税等	60,000	⑯△ ⑱	60,000 300,000	300,000	
資本金	3,000,000			3,000,000	純資産
繰越利益剰余金	900,000			900,000	
売上高		⑥ ⑩	2,000,000 1,500,000	3,500,000	収益
受取利息		③	100,000	100,000	

【解答】

Step 2　期末日の「5つの箱」(＝残高試算表)を作成

残高試算表
(T/B、Trial Balance Sheet)

(円)

区分	科目	金額	科目	金額	区分
資産	現金預金	4,197,685	買掛金	682,000	負債
	売掛金	840,000	短期借入金	700,000	
	商　品	1,520,000	預り金	15,000	
	器具備品	140,000	未払費用	14,000	
			未払消費税等	76,200	
			未払法人税等	300,000	
			資本金	3,000,000	純資産
			繰越利益剰余金	900,000	
費用	売上原価	1,840,000	売上高	3,500,000	収益
	給料手当	150,000	受取利息	100,000	
	法定福利費	14,000			
	広告宣伝費	100,000			
	消耗品費	50,000			
	減価償却費	70,000			
	租税公課	200			
	法人税等	365,315			
	合　計	9,287,200	合　計	9,287,200	

終章　「T/Bメソッド」で決算書を作成してみよう

Step 3　残高試算表（T/B、Trial Balance Sheet）を上下に切り分ける

貸借対照表
（B/S、Balance Sheet）

（円）

資産の部		負債の部	
現金預金	4,197,685	買掛金	682,000
売掛金	840,000	短期借入金	700,000
商　品	1,520,000	預り金	15,000
器具備品	140,000	未払費用	14,000
		未払消費税等	76,200
		未払法人税等	300,000
		純資産の部	
		資本金	3,000,000
		利益剰余金	1,910,485
合　　計	6,697,685	合　　計	6,697,685

損益計算書
（P/L、Profit&Loss Statement）

（円）

売上高	3,500,000
売上原価	1,840,000
売上総利益	1,660,000
給料手当	150,000
法定福利費	14,000
広告宣伝費	100,000
消耗品費	50,000
減価償却費	70,000
租税公課	200
営業利益	1,275,800
受取利息	100,000
経常利益	1,375,800
法人税等	365,315
当期純利益	1,010,485

（注）繰越利益剰余金の内訳
　　　期首繰越利益剰余金　　900,000円
　　　当期純利益　　　　　1,010,485　◀ーーー
　　　期末繰越利益剰余金　1,910,485円

確認テスト①〜④の解答

確認テスト①　「5つの箱」に分類してみよう　　(018ページ)

資産 … (5)、(6)、(12)　　負債 … (3)、(7)　　純資産 … (9)
収益 … (1)、(2)　　費用 … (4)、(8)、(10)、(11)

確認テスト②　「5つの箱」で仕訳にチャレンジ！　　(036ページ)

ヒント

「5つの箱」T/Bメソッド　　　　　　　　　　　　　　　　（万円）

資　産			負　債		
現　金	① △	10	買掛金	⑥	20
	② △	1		⑦ △	20
	④ △	5	未払金	③	5
	⑤ △	3		④ △	5
普通預金	①	10	**純　資　産**		
	⑦ △	20			
	⑨	30			
売掛金	⑧	30	**収　益**		
	⑨ △	30	売上高	⑧	30
仮払金	⑤	3			
費　用					
仕入高	⑥	20			
通信費	②	1			
広告宣伝費	③	5			

左右の箱の高さは常に一致

終章 「T/Bメソッド」で決算書を作成してみよう

仕訳で表現してみよう

(万円)

	借方科目	金　額	貸方科目	金　額
①	普通預金	10	現　金	10
②	通信費	1	現金	1
③	広告宣伝費	5	未払金	5
④	未払金	5	現金	5
⑤	仮払金	3	現金	3
⑥	仕入高	20	買掛金	20
⑦	買掛金	20	普通預金	20
⑧	売掛金	30	売上高	30
⑨	普通預金	30	売掛金	30

［補足］
③ 広告宣伝用チラシを作成した代金の未払いは「未払金」で記録します。
⑦ 支払う義務である「買掛金」を支払ったら消し込みをします。
⑨ 回収する権利である「売掛金」が振り込まれたら消し込みをします。

確認テスト③　会計上の取引となるか判定しよう　　(038ページ)

① ×　契約の時点では会計上の取引ではない。ただし印紙税が課税される契約書（例：金銭消費貸借契約書）の作成時は、印紙を貼付することで「租税公課」（費用）が発生する。

② ×　給料日が到来してはじめて給料手当という費用支出が発生する。ただし、給料締め日から月末までの未払分を費用計上することがある。

③ ○　資産に計上している倉庫（建物）が、火災により消滅した事実は会計取引。

④ ○　経営活動で必要な水道光熱費の発生と現金の減少を取引記録する。

⑤ ○　店頭商品の盗難による減少を取引記録する。

⑥ ○　収益を得るための工夫である費用の発生を記録する。

⑦ ○　代金支払いを行なっていない場合にも資産の増加、負債の増加を記録する。

⑧ ×　商品売上は、注文を受けたときではなく引き渡したときに収益計上する。

「5つの箱」T/Bメソッド

資産	③ 建物(△) ④ 現金(△) ⑤ 商品(△) ⑥ 現金(△) ⑦ 器具備品	⑦ 未払金	負債
			純資産
費用	③ 災害損失 ④ 水道光熱費 ⑤ 雑損失 ⑥ 広告宣伝費		収益

左右の箱の高さは常に一致

確認テスト④　T/Bメソッドで決算書を作成してみよう　（048ページ）

[1]「5つの箱」で取引記録を行なう

「5つの箱」T/Bメソッド　（万円）

資産	現金　①　300　②　△30　④　△10　⑤　△5　⑦　50　⑧　△8　⑨　△20	買掛金　③　24	負債
		資本金　①　300	純資産
	売掛金　⑥　50	売上高　⑥　50　⑦　50	収益
費用	仕入高（売上原価）　②　30　③　24 給料手当　⑧　8 役員報酬　⑨　20 地代家賃　④　10 広告宣伝費　⑤　5		

[2] 期末日の「5つの箱」（T/B、Trial Balance Sheet）を作成する

期末日の「5つの箱」＝残高試算表　（万円）

資産	現金　277 売掛金　50	買掛金　24	負債
		資本金　300	純資産
		売上高　100	収益
費用	売上原価　54 給料手当　8 役員報酬　20 地代家賃　10 広告宣伝費　5		
	合計　424	合計　424	

[3] 残高試算表（T/B、Trial Balance Sheet）を上下に切り分ける

貸借対照表　　　　　（万円）

資産の部		負債の部	
現　金	277	買掛金	24
売掛金	50	純資産の部	
		資本金	300
		利益剰余金	3
合　計	327	合　計	327

損益計算書　　（万円）

売上高	100
売上原価	54
売上総利益	46
給料手当	8
役員報酬	20
地代家賃	10
広告宣伝費	5
当期純利益	3

【巻末付録1】

主な勘定科目の一覧

会社にとってのプラスの財産　　　会社にとってのマイナスの財産

「5つの箱」T/Bメソッド

資産	負債
現金、小口現金、当座預金 普通預金、定期預金 納税準備預金、受取手形 電子記録債権、売掛金 **(棚卸資産)** 商品、原材料、仕掛品、製品 未成工事支出金 前渡金、立替金、未収入金 未収収益、前払費用、仮払金 短期貸付金、仮払消費税等 建物、建物附属設備、構築物 機械及び装置、器具備品 車両運搬具、土地、借地権 建設仮勘定、のれん 営業権、投資有価証券 長期前払費用、長期貸付金 (△)減価償却累計額 (△)貸倒引当金 繰延税金資産	支払手形、電子記録債務 買掛金、未払金、前受金 預り金、預かり保証金 前受収益、未払費用 仮受金、短期借入金 仮受消費税等、未払消費税等 未払法人税等 賞与引当金、退職給与引当金 長期借入金、繰延税金負債

(株主資本)
資本金、新株式申込証拠金
資本剰余金
　資本準備金
利益剰余金
　利益準備金、繰越利益剰余金
(評価換算差額等)
　その他有価証券評価差額金
(新株予約権)
(非支配株主持分)

純資産

(営業収益)
売上高

(営業外収益)
受取利息
受取配当金
為替差益
雑収入
有価証券売却益
仕入割引

(特別利益)
固定資産売却益
投資有価証券売却益

収益

費用
(売上原価) 期首商品棚卸高 当期商品仕入高 　(△)期末商品棚卸高 給料手当、役員報酬、賞与 退職金、法定福利費 福利厚生費、接待交際費 会議費、旅費交通費 広告宣伝費、租税公課 賃借料、地代家賃、修繕費 支払手数料、水道光熱費 消耗品費、減価償却費 貸倒引当金繰入額、貸倒損失 支払利息、為替差損 災害損失、固定資産売却損 投資有価証券売却損 法人税、住民税及び事業税 法人税等調整額

稼ぐために費やす財貨や用役　　会社の稼ぎ方
　　　　　　　　　　　　　資産と負債の差額としての純額の資産

【巻末付録2】

知っておきたい経理の基本用語

	用語	説明
あ行	預り金	給料や報酬の支払時に源泉徴収した所得税、社会保険料、住民税等
	売上原価	仕入れた商品、製造した製品のうち売上計上した商品、製品の原価
	売上高	商品・製品の販売、役務(サービス)提供などの本業での稼ぎ高
	売掛金	商品、製品などの棚卸資産にかかる売上の未収代金
か行	買掛金	原材料、商品などの棚卸資産にかかる仕入の未払代金
	会社法	会社の設立、組織設計、運営および管理について定めた会社経営の基本となる法律
	回収	債権につき金銭が入金されること、投資した資金につき元を取ること
	貸方	複式簿記のルールで仕訳を記録する場合における右側(Creditの訳語)
	株式	株式会社への出資権利を表章するもの
	株主	株式会社への出資者
	借方	複式簿記のルールで仕訳を記録する場合における左側(Debitの訳語)
	勘定科目	仕訳に使用する具体的な名称であり、資産、負債、純資産、収益、費用の5つの要素のいずれかに分類される
	給料	雇用契約のもとで雇用者から支払われる労働の対価
	決算	帳簿の集計結果に基づき、決算日の財産状況(資産、負債、純資産)を調査し、経営成績(収益、費用)を計算し、「決算書」を作成・報告する作業
	決算書	決算作業の結果として作成される書類の総称(貸借対照表、損益計算書、株主資本等変動計算書、注記表)
	原価	売上高を得るために費やされた財貨または用役のうち、製品の製造原価および商品の仕入原価
	減価償却	減価償却資産にかかる価値の低下部分を費用とみなして、資産の価値を減額させるとともに費用に計上する会計処理
	現金	硬貨、紙幣、他人振出小切手、配当金領収書、郵便為替証書など
	源泉所得税	給料、報酬の支払時に、相手先が納付すべき所得税を支払い側において天引きして預かった金額
	源泉徴収	給料、報酬の支払時に、所得税、社会保険料、住民税などを天引きして預かり、受取人に代わり支払者側が国等に納付する制度
	小切手	銀行等において振出人の預貯金口座から券面額が支払われる証券
	小口現金	営業所や支店などで諸経費の支払いのために保有、管理している金銭

	用語	説明
か行	固定資産	1年を超えて使用する目的で保有する資産であり、貸借対照表では、①有形固定資産、②無形固定資産、③投資その他の資産に区分表示される
さ行	債権	売掛金、貸付金、未収入金などの金銭で回収する権利
	債務	買掛金、借入金、未払金などの金銭で支払うべき義務
	自己株式	自社が所有する自社の株式(純資産の控除項目として表示する)
	自己資本	貸借対照表の純資産(厳密には、新株予約権と非支配株主持分を除く)
	資産	会社にとってのプラスの財産。現金預金、土地、建物などの価値のある財産(財貨)と売掛金、貸付金などの回収する権利(債権)などをいう
	資本	商売をするうえでのお金の集め方。他人資本と自己資本がある
	資本金	会社設立時および増資時において株主が払い込んだ金銭のうち、資本金に組み入れた金額
	収益	会社の稼ぎ方。損益計算書では、①営業収益、②営業外収益、③特別利益に区分して表示される
	受注	商取引において購入の意思表示としての注文を受けること
	純資産	資産と負債の差額である純額の資産
	証拠書類	取引の発生について証拠となる書類。領収書、納品書、請求書などの第三者が発行した書類のほか、社内取引での旅費精算書などを含む
	仕訳	会計的な取引を「原因」と「結果」の両面でとらえて、資産、負債、純資産、収益、費用の5つの要素のいずれかに属する勘定科目で記録する会計的なテクニックをいう
	新株予約権	株式の交付を受けることができる権利
	総勘定元帳	勘定科目ごとに、すべての取引の記録明細を記入する帳簿
	損益計算書	一定期間の収益と費用の差額としての利益を表す経営成績表
	損金経理	確定した決算において費用または損失として経理すること
た行	貸借対照表	企業の一定時点における資産、負債、純資産を一覧にした財産表
	棚卸	棚卸資産について、数量と評価額を確認する作業。帳簿上の棚卸と実際の在庫数量と評価額を確認する実地棚卸がある
	定額法	減価償却費の計算方法のうち毎期一定額で償却費を計上する方法
	定率法	減価償却費の計算方法のうち毎期一定率で償却費を計上する方法
	手形	一定の期日に券面に記載した金額を支払うことを約束した証券
	当座預金	小切手や手形を振り出す際に開設する無利息の要求払い預金
	取引	会社で起こる会計的な出来事。資産、負債、純資産、収益、費用の5つの要素のいずれかに属する勘定科目が金額的に増減する事象をいう

	用語	説明
は行	配当金	株主に対して支払われる利益の分配
	引当金	将来の費用または損失の発生額を見積計上した際の資産の控除科目（貸倒引当金）または負債科目（賞与引当金、退職給付引当金）をいう
	非支配株主持分	子会社の純資産のうち親会社に帰属しない部分（連結B/Sでのみ表示）
	費用	収益を得るために費やされた財貨および用役をいう。損益計算書では、①売上原価、②販売費及び一般管理費、③営業外費用、④特別損失、⑤法人税、住民税及び事業税の5つに区分して表示する
	複式簿記	会計的な取引を「原因」と「結果」の両面でとらえて仕訳、帳簿記入、決算書作成を行なう会計記録方法
	負債	会社にとってのマイナスの財産。買掛金、借入金、未払法人税等などの支払義務と、将来の費用および損失に備える引当金に区分される
	普通預金	開設、解約ともに容易な流動性の高い預金
ま行	前受金	商品の売買予約に際して納品前に受け取った手付金
	前受収益	継続契約に係る収益のうち翌期以後に対応する部分を受け取った金額
	前払費用	継続契約に係る費用のうち翌期以後に対応する部分を支払った金額
	前渡金	商品を仕入れるための手付金として支出した現金
	未収入金	商品や製品以外の固定資産売却などによる代金未回収部分
	未収収益	継続契約に係る収益のうち役務（サービス）の提供は完了しているが対価を受領していない部分
	未払金	商品や原材料以外の固定資産購入、諸経費などの代金未払部分
	未払費用	継続契約に係る費用のうち役務（サービス）の提供は受けているが対価を支払っていない部分
ら行	利益	経営の成果としての収益から費用を差し引いた金額。損益計算書では、①売上総利益（粗利と総称される）、②営業利益、③経常利益（ケイツネと総称される）、④当期純利益に区分して表示される
	利息	金銭消費貸借契約書において金銭の使用料として受け取る金銭、債券や預貯金への投資の果実として受け取る利子
	連結	子会社などを含めたグループ単位での損益状況と財政状態を報告するための連結財務諸表を作成する手続き

高下淳子(こうげ じゅんこ)

税理士。米国税理士。CFP®。外資系コンサルティング会社(監査法人)に勤務ののち独立開業。現在、税務会計顧問業、経営コンサルティング業のほか、各地の金融機関、シンクタンク等の講演・セミナー講師、企業内研修の企画実施などで活躍中。
講演テーマは広く、経理担当者、経営幹部、新入社員、後継経営者、営業担当者などを対象とした、明快かつ、わかりやすい実践的講義には定評がある。
主な著書に『今までで一番やさしい法人税申告書のしくみとポイントがわかる本』『図解 決算書を読みこなして経営分析ができる本』『法人税と経理処理のしくみがわかる本』(以上、日本実業出版社)、『とにかく、みんなで考えよう! 日本の借金 わが家の税金 わたしの年金』『「経理のしごと」がわかる本』『やさしい法人税申告入門』(以上、中央経済社)などがある。

URL http://www.koge-office.com

簿記のしくみが一番やさしくわかる本
2017年4月20日 初版発行

著 者 高下淳子 ©J. Koge 2017
発行者 吉田啓二
発行所 株式会社日本実業出版社 東京都新宿区市谷本村町3-29 〒162-0845
　　　　　　　　　　　　　　　大阪市北区西天満6-8-1 〒530-0047
　　　編集部 ☎03-3268-5651
　　　営業部 ☎03-3268-5161   振替 00170-1-25349
　　　　　　　　　　　　　　　http://www.njg.co.jp/

印刷/壮光舎　製本/共栄社

この本の内容についてのお問合せは、書面かFAX(03-3268-0832)にてお願い致します。
落丁・乱丁本は、送料小社負担にて、お取り替え致します。

ISBN 978-4-534-05490-6 Printed in JAPAN

日本実業出版社の本
「経理」「会計」に関する本

好評既刊!

東山　穣＝著
定価 本体 1300円（税別）

近藤　仁＝著
定価 本体 1300円（税別）

高下淳子＝著
定価 本体 1600円（税別）

高下淳子＝著
定価 本体 1400円（税別）

定価変更の場合はご了承ください。